刘宝存　主编

比较高等教育研究丛书

初编　第**3**册

美国大学非营利管理教育课程设置研究

翟　月　著

花木兰文化事业有限公司

国家图书馆出版品预行编目资料

美国大学非营利管理教育课程设置研究／翟月 著 —— 初版 ——
新北市：花木兰文化事业有限公司，2022〔民 111〕
目 4+204 面；19×26 公分
（比较高等教育研究丛书 初编 第 3 册）
ISBN 978-986-518-738-5（精装）
1.CST：高等教育 2.CST：课程研究 3.CST：美国
525.08   110022077

比较高等教育研究丛书
初编 第三册   ISBN：978-986-518-738-5

美国大学非营利管理教育课程设置研究

作   者 翟 月
主   编 刘宝存
企   划 北京师范大学国际与比较教育研究院
总 编 辑 杜洁祥
副总编辑 杨嘉乐
编辑主任 许郁翎
编   辑 张雅淋、潘玟静、刘子瑄 美术编辑 陈逸婷
出   版 花木兰文化事业有限公司
发 行 人 高小娟
联络地址 台湾 235 新北市中和区中安街七二号十三楼
         电话：02-2923-1455／传真：02-2923-1452
网   址 http://www.huamulan.tw 信箱 service@huamulans.com
印   刷 普罗文化出版广告事业
初   版 2022 年 3 月
定   价 初编 14 册（精装）台币 38,000 元

美国大学非营利管理教育课程设置研究

翟月 著

作者简介

瞿月，辽宁大连人，北京师范大学教育学博士，美国加州大学洛杉矶分校访问学者（2017-2018 年）。现为北京大学教育学院教育与人类发展系高等教育方向博士后。研究领域包括：公益慈善教育、比较高等教育、学位与研究生教育等。在《学位与研究生教育》、《研究生教育研究》、《外国教育研究》等刊物公开发表多篇论文。主持省部级课题 2 项。

提　　要

　　20 世纪 80 年代，一场被称为"全球结社革命"的非营利组织发展浪潮席卷了世界的每个角落，并逐步在世界经济和社会发展中起到至关重要的作用。近年来我国公益慈善事业和非营利组织取得了快速的发展，产生了一定的社会效益，但频繁曝出的慈善纠纷和慈善丑闻使得非营利组织的合法性与合理性以及非营利组织管理人员的专业素质和能力受到多方质疑与拷问。作为专业人才培养主阵地的大学，其课程设置是非营利组织管理人才培养的主要载体，它承载着非营利管理教育的核心价值理念，决定着专业人才培养的方向与质量。美国作为世界上非营利组织数量最多、运营科学规范的国家，其高校开设非营利管理教育已有 30 多年的历史，相对完善的非营利管理教育课程设置系统对我国相关教育项目的课程设置有着一定的借鉴价值。本文运用耗散结构论及其熵变原理和协同理论，采用文献法、比较法、案例法和调查法，在追溯美国大学非营利管理教育历史发展、分析多所大学相关教育项目课程设置的基础上，对美国大学非营利管理教育课程设置系统的外部影响条件和内部发展动力以及美国大学非营利管理教育课程设置的特点进行了探究与论述，并对中国大学非营利管理教育课程设置中存在的问题与今后发展做了相应思考。

《比较高等教育研究丛书》总序

刘宝存

　　20世纪80年代以来，科学技术突飞猛进，知识经济迅猛发展，国际竞争日趋激烈，经济全球化不断深入，文化多元化趋势增强……世界教育面临前所未有的新形势、新问题和新挑战。为了应对这些新形势、新问题和新挑战，以更好的姿态进入21世纪，世界各国无不把教育作为优先发展的战略领域，把教育改革与创新作为应对时代挑战和提高国际竞争力的重要举措，在全球范围内兴起了一场教育改革运动。在如火如荼的全球性教育改革中，世界各国都致力于建构世界一流的教育体系和教育标准，推动教育公平，提高教育质量，改进教学模式和方法，推动教育的国际化和信息化，促进教育治理体系和治理能力的现代化，提升教育为社会经济发展服务的能力，满足社会民众日益增长和个性化的教育需求。与以往的教育改革多聚焦于某一个层次或某一个领域的教育不同，世纪之交的教育改革运动涉及学前教育、基础教育、高等教育、职业教育、师范教育、教育管理、课程与教学等各级各类教育和教育的各个领域，是一场综合性的教育改革，而且迄今已经持续三十多年，但是仍然呈方兴未艾之势。

　　高等教育是一国教育体系中的最高层次，在培养高层次人才、开展科学研究和社会服务、推动国际合作与交流等方面发挥着至关重要的作用。从各国高等教育领域的教育改革看，新自由主义教育思潮成为占主导地位的教育思潮，新公共管理和治理理论被奉为圭臬，追求卓越和效率、倡导分权和扁平化管理、强调公民参与和公共责任，成为高等教育管理的价值取向。世界各国在高等教育中追求卓越，致力于创新人才的培养，特别是培养面向21世纪的教师、提高博士生培养的质量成为高等教育改革的重点。为了培养创新人才，各国高等学校在人才培养目标、课程设计、教学模式和方法、教学评价等方面进行改革，本科生科研、基于问题的学习、服务性学习、新生研讨课等以探究能力和实践能力为导向的教学模式和方法风行世界，建构高等教育质量保障体系成为各国的共同选择。在信息技术和全球经济一体化的推动下，各国致力于打造智能化校园，促进信息技术与教育教学、大学治理的融合；致力于发展跨境教育和学生流动，提升高等教育的国际竞争力和影响力。

北京师范大学国际与比较教育研究院是中国成立最早、规模和影响最大的比较教育研究机构，也是比较教育学科唯一的国家重点学科依托机构。该院 1999 年获批首批教育部普通高等学校人文社会科学重点研究基地，2012 年获批教育部国别和区域研究基地，2017 年成为教育部高校高端智库联盟成员单位。该院的使命是：（1）围绕世界和我国教育改革与发展的重大理论、政策和实践前沿问题开展研究，探索教育发展的规律，把握国际教育发展的趋势，为我国教育改革与发展提供理论支撑；（2）为文化教育部门和相关部门培养具有国际视野、通晓国际规则、能够参与国际事务与国际竞争的高层次国际化人才；（3）积极开展教育政策研究与咨询服务工作，为中央和地方政府的重大教育决策提供智力支撑，为区域教育创新和各级各类学校的改革试验提供咨询服务；（4）积极开展国际文化教育交流与合作，引进和传播国际先进理念和教育经验，把我国教育改革发展的先进经验和教育研究的新发现推向世界，成为中外文化教育交流的桥梁和平台。60 多年来，该院紧紧围绕国家战略，服务国家重大需求，密切跟踪国际学术前沿，着力进行学术创新，提升咨政建言水平，成为世界有重要影响的国际与比较教育理论创新中心和咨政服务基地；牢牢把握立德树人的育人方向，创新人才培养模式和方法，成为具有全球竞争力国际化人才的培养基地；充分发挥舆论引导和公共外交功能，深化国际交流与合作，成为中国教育经验国际传播中心和全球教育协同创新中心。

为了总结该院在比较高等教育领域的研究成果，我们以该院近年来的博士后报告和博士论文为基础，组织了这套《比较高等教育研究丛书》。《比较高等教育研究丛书》的各位作者现在已经在全国各地的高等学校工作，成为在比较教育领域崭露头角的新秀。首辑丛书包括十四部，具体如下：

黄海啸　美国大学治理的文化基础研究

陈　玥　中美研究型大学博士生教育质量保障体系的比较研究

翟 月 美国大学非营利管理教育课程设置研究

孙 珂 美国高校创新活动的风险治理机制研究

李丽洁 美国营利性高等教育机构的组织学分析

李 辉 美国联邦政府对外国留学生的监管研究

苏 洋 「一带一路」国家来华留学博士生教育质量监控体系研究

尤 铮 美国大学在亚洲的海外办学研究——基于对纽约大学的考察

肖 军 德国大学治理模式变迁研究

褚艾晶 荷兰高等教育质量保证政策研究

徐 娜 俄罗斯提升国家研究型大学国际竞争力的策略研究——以制度
变迁理论为视角

郑灵臆 芬兰「研究取向」的小学教师教育研究

朋 腾 俄罗斯高等师范教育人才培养模式变革研究

王 蓉 美国高校服务－学习实践的研究

根据我们的设想，《比较高等教育研究丛书》将不断推出新的著作。现在
呈现在各位读者面前的只是丛书的第一辑，在条件成熟时我们陆续将推出第
二辑、第三辑……。同时我们也希望在第二辑出版时不仅包括北京师范大学
国际与比较教育研究院的研究成果，而且希望将国内外其他高等学校的研究
成果纳入其中；不但出版基于博士后研究报告和博士论文修改而成的研究成
果，而且希望出版高等学校和研究机构教学科研人员的研究成果，不断提高
丛书的质量。同时，我们还希望聆听大家在选题方面的建议。

《比较高等教育研究丛书》的出版，得到花木兰文化事业有限公司的大
力支持，特别是杨嘉乐女士为丛书的出版花费了许多心血，在此我谨代表各
位作者向她们表示衷心的感谢。

刘宝存

2021 年 11 月 28 日

于北京师范大学国际与比较教育研究院

目

次

导　论

第一节　研究问题的提出与研究意义

一、研究缘起与研究问题

（一）非营利组织在世界经济与政治的发展中发挥着重要作用

20 世纪 80 年代以来，伴随着全球化的到来，一个被称为"全球结社革命"的非营利组织发展浪潮在世界各地广泛兴起。因为"国家危机"的蔓延，这些组织吸引了来自全球的注意和着力研究。曾经指导全球经济 20 多年的"新自由主义共识"[1]在世界经济危机复苏和社会问题持续不断出现的情况下受到不断质疑。各国政府在处理当前面临的社会福利、国家发展和环境等问题时明显感到力不从心，许多国家政治领袖开始寻求"第三条道路"，他们将市场真谛与广泛的社会保护优势相结合，也就是在市场和国家以外大范围的发挥社会组织的作用。这些组织被称冠以"非营利的"、"志愿性的"、"公民社会的"、"第三部门"或"独立部门"等名称。他们都有一些共同的特点，主要表现在组织性、私有性、非营利性、利他性、自治性和志愿性等方面。根据莱斯特·M·萨拉蒙（Lester M. Salamon）主持完成的约翰·霍普金斯非营利部门比较项目的数据显示，在项目重点研究的 22 个国家中，

1　"新自由主义共识"又称为"华盛顿共识"。1989 年由美国政府及其控制的国际经济组织所制定，并由它们通过各种方式进行实施。其基本原则简单地说就是：贸易经济自由化、市场定价、消除通货膨胀和私有化。

排除宗教团体，22 个国家的第三部门是一个 1.1 万亿美元的产业，它雇佣了近 1900 万个全职工作人员，平均非营利支出达到调研国家国内生产总值的 4.6%，非营利就业占所有非农业就业的近 5%，占所有服务行业就业的 10%，占所有公共部门就业的 27%。除此之外这些国家中平均有占总人口 28% 的人向非营利组织贡献了他们的时间，相当于 1060 万个全日制职员。如果将这些国家的非营利组织比作一个单独的国家，那它将成为世界第八大经济体，领先于巴西、俄罗斯、加拿大和西班牙。[2] 这些组织不仅满足着人类的重要需求，而且组成了一支重要的、蒸蒸日上的经济力量，并在全球范围内的经济生活和社会生活中发挥着重要的作用。

（二）非营利组织在中国社会的稳定发展中起到重要作用

从全球化开始至今 30 多年的时间里，由于早年间的国弱民穷，"发展"一直是中国最强劲的关键词。自 1992 年以来，以市场为导向的改革直接推动了中国经济的崛起，2001 年中国加入 WTO，标志着中国经济转型框架基本形成，作为市场体系国家得到国际社会的认可。GDP 连续十年增长，使 2010 年中国的国民生产总值跃升至世界第二位，外汇储备居世界第一，在世界贸易中的比重从 4.3% 提升至 10.4%，成为世界第一大出口国、第二大进口国。[3]

随着中国从计划经济向市场经济的迅速转型，中国社会也悄然发生转型。中国从乡土社会转为市场社会的同时也从过去的总体性社会转变为以平等为前提的多元社会。按照发达国家的既往经验，当人均 GNP[4] 超过 5000 美元，社会服务项目将会迅速扩展。2012 年中国人均 GNP 达到 6100 美元，越来越接近发达国家一万美元的收入门槛。大力发展社会服务已成为中国社会的迫切需要，尤其是改革开放 30 年来经济的快速发展和社会发展不全面所带来的贫富差距拉大、人口老龄化等社会问题，都需要社会服务发挥其巨大的社会稳定作用。社会服务不仅起到扶困帮贫的作用，同时还发挥着促进劳动力再生产的经济职能。当前中国最大的经济发展问题，必须靠提升社会服务，

---

2 [美]莱斯特·M·萨拉蒙：《全球公民社会——非营利部门视界》，贾西津、魏玉等译，北京：社会科学文献出版社，2007 年，8-10 页。

3 朱健刚：《中国公益发展报告（2012）》，北京：社会科学文献出版社，2013 年，01 页。

4 人均国民生产总值（Per Capita Gross National Product 简写为 Per Capita G. N. P, GNP）指一国在一定时期内（通常为一年）生产的按市场价格计算的商品和劳务总值的按人口平均值。

进而有效促成财富转型特别是社会的平稳转型予以应对。[5]而非营利组织正是提供满足不同人群需求的社会服务的主要载体。继十七大报告首次提出推进社会体制改革诉求后，2012 年党的十八大报告再次强调要创新社会管理，明确要求进行社会体制改革，并首次提出将建立现代社会组织体制作为社会体制改革的突破口，其中关于"加快形成政社分开、权责明确、依法自治的现代社会组织体制"的论述，更是成为未来整个社会建设的基本指导。2013 年《国务院机构改革和职能转变方案》对非营利组织双重登记制度的破除等新政策相继出台，使得中国非营利组织迎来了千载难逢的发展良机。2016 年 3 月 16 日，十二届全国人大四次会议通过并于该年 9 月 1 日正式实施的《中华人民共和国慈善法》（以下简称《慈善法》），成为中国慈善事业发展史上具有里程碑意义的立法，极大地推动了中国非营利组织的规范化发展，成为我国从传统慈善走向现代慈善、法制慈善的法律依据。[6]十九大报告多处涉及社会组织、慈善事业、志愿服务等内容，并将"社会组织"纳入协商民主、基层党建等方面。报告提出的"美好生活"奋斗目标和"人类命运共同体"理念，为公益慈善事业的发展带来巨大空间。[7]2017 年十二届全国人大五次会议表决通过并正式施行的《民法总则》设立了"非营利法人"，构建了新的法人体制，《志愿服务条例》的出台开启了中国志愿服务的制度化建设之路。[8]这些非营利组织和志愿服务人员在促进经济社会发展、繁荣社会事业、参与公共管理、开展公益活动和扩大对外交往等方面展现出越来越重要的作用，已然成为了我国社会建设的生力军。截止至 2019 年底，全国共有社会组织86.7 万个，其中社会团体 37.2 万个、民办非企业单位 48.7 万个、基金会 7580个。2019 年中国社会公益资源总量为 3374 亿元，包括社会捐赠 1330 亿元、全国志愿服务贡献价值 903.59 亿元、社会捐赠 1330 亿元、彩票公益金募集1140.46 亿元。2019 年"99 公益日"，4800 万爱心网友捐出善款 17.83 亿元，超过 2500 家企业配捐 3.07 亿元，共募得善款 24.9 亿元，[9]互联网公益等一系

5　王振耀：《现代慈善与社会服务》，北京：社会科学文献出版社，2013 年，01 页。

6　张春贤：《全国人民代表大会常务委员会执法检查组关于检查《中华人民共和国慈善法》实施情况的报告》[R]，全国人民代表大会常务委员会公报，2020 年第 5 期。

7　光明网：《〈慈善蓝皮书〉2017 中国慈善行业年度十大热点事件发布》，https://baijiahao.baidu.com/s?id=1589081186799490768&wfr=spider&for=pc，2018-08-24。

8　杨团：《慈善蓝皮书：中国慈善发展报告（2018）》，北京：社会科学文献出版社，2018 年，003-006 页。

9　杨团：《慈善蓝皮书：中国慈善发展报告（2020）》，北京：社会科学文献出版社，

列独特的社会创新方式也在更好地参与到社会问题的解决中。

（三）我国非营利组织的运营与发展急需高校培养大量专业管理人才

我国公益事业和非营利组织在获得快速发展、取得一定社会效益的同时，各类慈善纠纷、慈善丑闻也随之涌现，非营利组织的合法性和合理性受到了多方的质疑。如何将中国传统自律性慈善、"爱有差等"的慈善原则向现代责任性慈善，平等博爱观引导，从而提高人民的公益意识和现代责任感；如何提供高效优质公共服务，创新开发社会服务项目，使政府购买其服务，获得更多公益资金；如何专业化的管理和运作项目与资本，改变政府垄断公共服务的局面，监督、协调，灵活的反映社会需求，参与公共规范的制定，都是现代非营利组织亟需面对和解决的问题。现代非营利组织的核心特征便是专业化和组织化，面对非营利组织现代化发展的需要，我国急需培养大批拥有强烈社会责任感和坚定非营利组织理念，明确非营利组织运营机制，掌握持续稳定的资金募集、项目策划、活动宣传，公益资金市场化运作，以及盈利公益资本分配与管理等能力的专业人才。这些专业化人才将会在我国非营利组织的发展，社会创新建设以及全球慈善事业共建中起到重要的作用。

2016 年 9 月 1 日正式实施的《中华人民共和国慈善法（慈善法）》要求加强公益人才培养，推动公益慈善事业发展。《慈善法》第八十八条明确提出"国家鼓励高等学校培养慈善专业人才，支持高等学校和科研机构开展慈善理论研究"，这为我国公益慈善专业建设和人才培养提供了法律保障。同年 9 月中共中央办公厅、国务院办公厅共同发布《关于改革组织管理制度促进社会组织健康有序发展的意见》中也提出"把社会组织人才工作纳入国家人才工作体系"，这有助于社会对公益慈善人才的认可并促进其职业发展。《中国慈善事业发展指导纲要（2011-2015）年）》也明确提出"加快慈善专业人才培养工作，依托高等院校、科研机构和大型公益慈善组织，加快培养慈善事业发展急需的理论研究人才、高级管理人才、项目运作人才、专业服务人才、宣传推广人才等"、"加强慈善学科建设，制订慈善教育计划"。[10]

参照 2011-2020 年国家中长期公益人才发展规划[11]，到 2015 年我国公益

2020 年，001-002 页。

10 卢磊：〈发展公益慈善专业：培养公益慈善专业人才的必然选择〉，载《中国社会组织》，2017 年第 1 期。

11 民政部：《社会工作专业人才队伍建设中长期规划（2011-2020 年）》，http://www.

人才缺口将达到 180 万。非营利组织人才的培养成为制约当前我国公益慈善事业发展的关键因素。目前中国大陆和港澳台地区高校中开设非营利组织管理专业学位教育项目的学校有：清华大学、中国人民大学、北京师范大学、中山大学、上海交通大学、南京大学、香港大学、澳门科技大学、台湾政治大学、台湾辅仁大学、台湾东海大学等，这些教育项目都集中在硕士和博士层次。全国高职院校中的北京社会管理职业学院、顺德职业技术学院、广州科技贸易职业学院、长沙民政学院、珠海城市职业技术学院等也建立了社会组织专业或专业方向的职业教育。北京师范大学珠海分校宋庆龄公益慈善教育中心在本科阶段开创了跨专业选修"公益慈善事业管理专业方向"的人才培养模式。南京工业大学浦江学院在公共事业管理专业下开设了公益慈善组织管理特色专业方向。深圳大学采取依托行政管理专业以辅修、双学位、双专业的方式开设公益创新专才班。[12]此外，北京师范大学中国公益研究院、中山大学中国公益慈善研究院都着力在秘书长层面培养高级非营利组织管理人才。总体而言，我国非营利管理高等教育仍处于初步探索期。

2013 年 3 月清华大学 NGO 研究所发布《中国公益慈善行业专业人才发展状况调查研究报告》对基金会人才学历背景分析得出，接受大学及以上教育的非营利组织人才占整个调研对象的 87%，其中大学本科学历人数最多，占近 60%的比例。[13]国内大型基金会管理人员在访谈中也表示急需高校培养大量本科层次的非营利组织管理人才。而统观全国近三千所高等院校开设非营利管理教育项目的情况，不但开设的项目少，且在本科层次培养非营利组织管理人才的教学单位也都处于刚刚起步阶段。面对社会对本科层次非营利组织管理人才的巨大需求和高等教育学科结构自身发展的需求，如何高效且高质量地培养非营利组织管理本科人才是我国高等教育必须积极面对和解决的问题。

（四）美国大学完善的非营利管理教育课程设置系统有极强的可借鉴作用

之所以选择美国大学非营利管理教育的课程设置作为研究对象，原因有

---

mca.gov.cn/article/zwgk/fvfg/shgz/201204/20120400302330.shtml，2015-03-16。

12 杨志伟：〈公益慈善领域专业人才培养的模式及展望〉，载《中国社会组织》，2016 年第 7 期。

13 清华大学 NGO 研究所：《中国公益慈善行业专业人才发展状况调查研究报告》，北京：清华大学 NGO 研究所，2013 年。

三：一是美国有独特的慈善文化传统。美国的慈善文化可追溯到土著美洲人，土著美洲人有一种想法叫"第 7 代"，就是说我们今天所做的事情要考虑到对第 7 代后人的影响。最早的美洲殖民者刚到美国的时候，在没有政府和坚固社会结构系统的条件下，是完全依赖互助的结社精神逐步生存和发展的。[14]"美国人不论年龄多大，不论出于什么地位，不论志趣是什么，无不时时在组织社团。"这是距今 180 多年前世界著名政治学者亚历克西斯·托克维尔（Alexis Tocqueville）在其不朽的巨著《论美国的民主》中评说的美国社会。"在法国，凡是创办新的事业，都由政府出面，在英国，则由当地权贵带头，在美国，你会看到人们一定组织社团。"[15]在庞大的国家机器和烦琐、精致的民主政治机制背后，美国人民有着根深蒂固的结社精神与丰富的结社生态，这构成了美国社会独特文化传统。二是美国是现代非营利组织起步较早的国家，拥有目前世界上最为发达的非营利部门。据美国国家非营利组织理事会（National Council of Nonprofits）发布的非营利部门快报中的数据显示，2013 年，非营利组织雇用了全国 10.6%以上的劳动力（约为 1440 万人），支付报酬和工资 6340 亿美元，占全美薪酬支出的 8.9%。2014 年非营利部门为美国经济贡献了约 9377 亿美元，占全美 GDP 的 5.4%。2014 至 2015 年间，约 24.9%的成年人（约 6260 万人）参与了志愿服务，平均每人每年 52 小时，合计贡献价值 1.5 万亿美元。[16]截止 2016 年 4 月，美国注册的各类非营利组织近 190 万个，其中数量最多的是慈善机构（含慈善组织 1,097,698 家和私募基金会 105,030 家），达 120 多万个。[17]美国的非营利组织在文化教育、医疗卫生、权益保护、消除贫困、就业、移民、环保、预防犯罪、社区改造、帮助少数族裔等方面，都发挥着十分重要的作用。三是美国拥有全球最完善的非营利管理高等教育体系，其课程设置有很强的研究与参考性。根据美国著名

---

14 尤金·R·坦普尔：《慈善的全球性挑战与合作》，http://www.charity.gov.cn/fsm/sites/newmain/preview1.jsp?ColumnID=640&TID=20141203111803399101603，2015-02-15。

15 [法]托克维尔：《论美国的民主》上卷，夏果良译，北京：商务印书馆，1988 年，213-214 页。

16 National Council of Nonprofits, "Fast Facts About the Nonprofit Sector", https://www.councilofnonprofits.org/sites/default/files/documents/2017-Fast-Facts-About-the-Nonprofit-Sector.pdf, 2018-08-27.

17 National Center for Charitable Statistics (NCCS), "Quick Facts About Nonprofits", https://nccs.urban.org/data-statistics/quick-facts-about-nonprofits, 2018-08-27.

的非营利管理教育研究者米拉贝拉（Mirabelle）最新的研究数据显示，截至
2018 年 8 月底，全美共有超过 292 所大学提供针对管理非营利组织而设立的
非营利管理课程，144 所大学开设了本科非营利管理教育项目，有 249 所大
学提供相关研究生教育项目，91 所大学提供相关无学分教育项目，73 所大学
提供继续教育培训项目。[18]从上世纪 80 年代初美国高校开始提供本科层次的
非营利管理教育项目至今已有 30 多年的发展历程，在项目的培养目标、课程
结构、课程内容上都有着丰富的经验可供我国参考。因此为满足我国高校培
养非营利组织管理人才的需要，本研究将美国大学非营利管理教育课程设置
作为研究对象，期望可以为我国大学非营利管理教育课程设置的发展提供一
些借鉴。

（五）研究问题

任何研究都是从研究问题开始的，确定了研究主题后，选择研究问题成
为关键。美国大学非营利管理教育经历了怎样的发展历程？美国大学非营利
管理教育课程设置的特点是什么？美国大学非营利管理教育课程设置系统发
展的外部条件是什么？美国大学非营利管理教育课程设置系统发展的内部动
力是什么？立足美国的经验，我国大学非营利管理教育课程设置的发展应注
意哪些问题？这些都是本论文的研究重点。

二、研究意义

随着非营利组织在社会改革中重要作用的突显，为保障组织运营的高效
率进而对社会发展产生积极广泛的影响。加快非营利组织管理人才的培养已
成为我国高等教育研究的重要课题。我国高校目前在开设非营利管理教育上
仍处于探索初期，严重缺乏相关学术研究的支持与指导。本研究选择从课程
设置角度入手，通过对美国大学非营利管理教育课程设置的研究，以期为我
国创建完善的非营利管理教育体系提供有益的参考。同时，本文对大学非营
利管理教育课程设置研究也丰富了我国高等教育的研究领域，有助于推动我
国高等教育学科结构的进一步完善。

在实践方面，大学非营利管理课程设置的研究对于培养大批合格优质的
非营利组织从业人员起到了质量保障的作用，进而保证了我国公益慈善事业

---

18 Roseanne M. Mirabella, "Nonprofit Management Education: Current Offerings in University-Based Programs", http://academic.shu.edu/npo/, 2018-08-27.

的发展，对实现社会公正，促进中国社会和平理性的转型有积极的作用。

第二节　研究现状

　　文献资料是选题的依据与研究的基础，因此收集整理与研究相关的文献，并对其进行分析与评判，不仅有利于了解研究的现状，也有利于确立接下来的研究方向，保证研究成果的质量。出于分析便捷性的考虑，论者从国外研究现状与国内研究现状两个方面进行文献梳理。

一、国外研究现状

　　总体而言，与美国大学非营利管理教育课程设置相关的研究主要包括如下几个方面：关于美国大学非营利管理教育发展历程的研究、关于美国大学非营利管理教育现状的研究和关于美国大学非营利管理教育课程设置的研究。

（一）关于美国大学非营利管理教育发展历程的研究

　　美国学者普遍认为美国大学非营利管理教育产生于 20 世纪 80 年代初，因为此时美国非营利部门的快速发展刺激了高校开设非营利管理教育项目。奥尼尔（Michael O'Neill）却认为在上世纪 80 年代以前，美国大学就已经有了非营利管理教育的萌芽。19 世纪末的美国社会问题丛生，纽约市慈善组织协会（the Charity Organization Society of New York City）大力提倡通过科学慈善来解决社会问题。该组织在全国范围内产生了巨大影响，提倡有区分的捐赠，以避免让受助者产生依赖。在 1898 年，纽约市慈善组织协会开始通过成立第一家慈善工作暑期坊来培养专业人员处理社会问题，该暑期工作坊一直运作到它被更名为纽约慈善学院，并与哥伦比亚大学一同提供全日制的非营利管理硕士课程。于 1917 年，纽约慈善学院正式更名为纽约社会工作学院，并设计了包括健康管理、牧师、和艺术管理等方向在内的非营利管理教育项目。20 世纪 80 年代前，美国大学为非营利组织管理人员开设短期培训项目已非常普遍。1975 年，费勒委员会（Filer Commission）根据对非营利组织在美国社会经济发展和价值确立中作用的研究，提出非营利部门是与政府（第一部门）和企业（第二部门）并驾齐驱的第三部门的观点得到了广泛的认可。在费勒小组之后，学者们开始对非营利管理教育产生了研究兴趣。1978 年，耶鲁大学启动了非营利组织项目（Program on Nonprofit Organizations）对非营利管理教育进行跨学科研究，成为了美国第一家该领域的学术研究中心。三年后，即 1981 年，第一个非营利组织管理专业学位项目在密苏里大学堪萨斯城分校诞生。米拉贝拉（Mirabella）认为 1996 年到 2006 是美国大学非营利管理教育发展最为迅速的时期，美国大学开设了多种类型的教育项目，如证书项目、专业主修项目和专业辅修项目等。非营利管理教育在美国和世界范围内不断受到重视，开设此种教育项目的大学数量增长显著。[19]

奥尼尔和弗莱彻（Fletcher）等学者认为在美国大学非营利管理教育发展过程中受到几个关键因素的影响：1. 全国公共事务管理学院协会（the National Association of Schools of Public Affairs and Administration，NASPAA）的大力认可和推广。NASPAA 鼓励并指导美国大学中的公共事务管理学院开设非营利管理教育，并为非营利管理研究生教育项目制定了课程指导大纲。2. 大型基金会的支持性捐赠。凯洛格基金会（Kellogg Foundation）对美国各层次、各类型非营利管理教育进行了全面的资助，激励大学开发非营利管理课程。尤其对美国非营利组织领导力联盟附属大学的本科层次相关教育项目进行了重点支持，提供课程开发和学生实习经费。阿尔福莱德·P·斯隆基金会（Alfred P. Sloan Foundation）于 1986 年 11 月资助了美国第一个非营利组织与慈善研究学术会议。第一本关于非营利管理教育的书在这次会议中诞生。[20]此外，一些大型基金会还直接对美国大学非营利教育的项目运作提供资金支持，例如，礼来基金会资助印地安那大学成立了慈善研究中心（现在的礼来家族慈善学院）对培养非营利组织管理人才进行教育项目的开发。3. 针对大学非营利管理教育研究支持性组织诞生。非营利学术中心委员会（The Nonprofit Academic Centers Council，NACC）成立于 1991 年，该组织联合其附属大学和研究机构关注非营利组织、志愿精神的研究，并为大学研究生和本科层次的非营利管理教育提供了课程指导大纲。[21]4. 专业的杂志、期刊和报纸为大学非营利管理教育研究提供了交流平台，促进了非营利组织及其研究的不断发展。非营利组织和志愿部门研究协会（The Association for Research on Nonprofit Organizations and Voluntary Action，ARNOVA）的出版物《非营

---

19 Michael O'Neill, "Nonprofit Nation: A New Look at the Third America", San Francisco, Jossey-Bass, 2002.
20 *Ibid.*
21 Michael O'Neill & Fletcher, K, "*Nonprofit Management Education: U.S. and World Perspectives*", New York, Praeger, 1998, p.21.

利和志愿部门季刊》（Nonprofit and Voluntary Sector Quarterly）是这个领域学术刊物的领导者。同时如《美国捐赠》（Giving USA）、《慈善纪事报》（The Chronicle of Philanthropy）、《非营利时代》（The Nonprofit Times）等杂志都以非营利组织为主题，为大学进行非营利组织研究和教学提供了资源和交流的平台。

（二）关于美国大学非营利管理教育现状的研究

随着美国大学非营利管理教育的发展，学者们开始对该项目的增长趋势进行追踪研究。美国塞顿霍尔大学（Seton Hall University）的两位研究者——米拉贝拉和娜奥米·威什（Naomi Wish）是美国非营利管理教育研究领域的专家。她们对美国高校非营利管理本科教育项目、研究生教育项目、无学分教育项目、继续教育项目、在线教育项目的增长和变化情况进行了长期的追踪研究。研究发现开设非营利管理教育的机构数量和所有类型的项目数量都在快速增长。[22]在美国开设非营利管理教育项目的院系主要有文理学院、商学院、公共事务管理学院、社会工作学院等。其中文理学院开设的项目最多，但近年却呈减少趋势，相反公共事务管理学院的非营利管理教育项目不断扩充，同时，不断有新的学院开设非营利管理专业学位项目或跨学科选修教育项目。[23]依照美国大学非营利管理教育项目的地区分布来看，东北部和中西部地区开设项目最多，但在 1996-2006 这非营利管理教育发展最迅速的十年间，美国东北部教育项目的数量仍在增加，而中西部却呈下降趋势。

奥尼尔针对非营利管理教育的现状对其未来的发展做了几点预测：1. 非营利管理教育未来仍会如现在一样存在；2. 本科和博士层次的非营利管理教育将会受到更大的关注；3. 目前主要由基金会资助的培养模式将会被其他外部的资助和学费支持所代替；4. 近几十年里非营利组织的发展将会为非营利管理教育的增长提供更加丰富且持续不断的基础支持。[24]

---

22 Mirabella, R. M.& Wish, N. B, "University-Based Educational Programs in the Management of Nonprofit Organizations: An Updated Census of U.S. Programs", Public Performance and Management Review, 2001 (1), pp.30-41.

23 Mirabella, R. M, "University-based educational programs in nonprofit management and philanthropic studies: A ten year review and projections of future trends", Nonprofit and Voluntary Sector Quarterly, 2007 (4), pp.11-27.

24 Michael O'Neill, "The Future of Nonprofit Management Education", Nonprofit and Voluntary Sector Quarterly 2007 (9), p.169.

（三）关于美国大学非营利管理教育课程设置的研究

1. 培养目标研究

罗伯特·L·佩顿（Robert L. Payton）和迈克尔·P·穆迪（Michael P. Moody）在其共同的著作《慈善的意义与使命》（Understanding Philanthropy: Its Meaning and Mission）中强调非营利管理教育既要教授"为什么要做慈善"，又要教授"如何从事慈善"。[25]奥尼尔和扬（Young）认为非营利组织与政府组织围绕权力或商业组织围绕利润之间最大的区别就是它的"价值性"，因此非营利管理教育重要的是传递非营利组织的价值观。罗伯特·F·阿什克拉夫特（Robert F. Ashcraft）总结了两种关于非营利管理教育培养目标的观点。第一种观点认为非营利管理教育应该通过培养学生了解非营利部门的使命和与政府和市场运作中的特殊性来理解民主理想是公民社会的基本要素，从而培养有责任感、全面发展的公民。第二种观点认为非营利组织管理应该满足蓬勃发展的第三部门劳动力的需要，以培养学生掌握非营利组织管理所需的基本技能为主要目标。[26]

2. 课程结构研究

多尔希（Dolch）教授从 1986 年到 2006 年对美国大学非营利管理教育项目的课程实施模式进行了追踪。美国大学非营利管理教育课程主要以证书项目（Certificate Program）模式、专业主修（Academic Major）模式和专业辅修（Academic Minor）模式进行实施。多尔希教授分别对应选取了美国非营利组织领导力联盟附属的路易斯安那州立大学什里夫波特分校（Louisiana State University in Shreveport, LSUS）、亚利桑那州立大学（Arizona State University）和林登伍德大学（Lindenwood University）的相关教育项目进行了追踪研究。研究揭示了不同教育项目依据培养目标的不同开设必修课与选修课、通识课程与专业课程的情况也不同。[27]

特里萨·梅尔·康利（Theresa Meier Conley）在其博士论文中揭示非营利组织领导力联盟指导附属大学根据奇克林（Chichering）的大学生发展向

25　[美]罗伯特·L·佩顿、迈克尔·P·穆迪：《慈善的意义与使命》，郭烁译，北京：中国劳动社会保障出版社，2013 年，204 页。

26　Ashcraft, Robert F, "Where nonprofit management education meets the undergraduate experience", Public Performance & Management Review, 2001 (1), p.44.

27　Norman A. Dolch, Marvin Ernst, John E. McClusky, Roseanne M. Mirabella&Jeffery Sadow, "The Nature of Undergraduate Nonprofit Education:Models of Curriculum Delivery", Nonprofit and Voluntary Sector Quarterly, 2007 (9), p.32.

理论与社会需求相结合的方式进行课程的设置。将非营利管理教育相关课程按照与能力培养（Developing competence）、情绪管理（Managing emotion）、从独立性的养成到与他人的相互依存（Moving through autonomy toward interdependence）、成熟人际关系的建立（Developing mature interpersonal relationships）、自我认同的建立（Establishing identity）、发展目标性建立（Developing purpose）、整合发展（Developing integrity）[28]这七个"向量"对应的方式进行设置，保证大学生健康的心理与人格发展。

米拉贝拉根据非营利组织管理的需要将美国大学非营利管理教育的课程分为外部管理技能课程和内部管理技能课程。从对 1996 年至 2011 年间美国大学课程设置的研究发现美国高校开设内部管理技能课程（如倡导、公共政策、社区组织、筹款、慈善与第三部门等课程）所占比例更大，但有逐渐关注非营利组织管理外部功能课程的倾向。[29]

里根·哈维尔·谢弗（Regan Harwell Schaffer）从美国大学加强与非营利组织的战略伙伴关系角度强调应加强服务性学习课程和实践课程的设置，并强调当地社区在美国大学非营利组织课程设置中扮演重要角色。[30]

3. 课程内容研究

非营利管理教育应该教给学生什么？罗伯特·L·佩顿认为非营利管理教育应该专注于培养正在兴起和成长的社会行业的领导者。教授给他们高效运作组织的知识与能力，同时对他们进行伦理道德教育，使他们拥有勾画社会发展方向并与他人一起共达理想的能力与信念。[31]

如何教授价值观和道德？佩顿认为非营利管理教育应深植根于人文学科之中。让学生运用传统的人文学科知识去理解社会议题，使学生将自己置于对社会的广泛理解之中，从而做出什么是社会最根本道德价值的判断，进而促进学生开放式思维的发展，以更好地认同非营利组织的使命。布里本诺

---

28 Theresa Meier Conley, "Nonprofit Marketing Education In The United States: An Examination and Interpretation of The Prevalance and Nature of Curriculum", phD diss., University of Denver, 2012.

29 Mirabelle, "Nonprofit Management Education in the US", Indianapolis, Indiana University-Purdue University-Indianapolis, 2013.

30 Regan Harwell Schaffer, "Nonprofit and University Strategic Partnerships to Strengthen the Sector", Nonprofit Management & Leadership, 2012 (1), pp.105-110.

31 [美]罗伯特·L·佩顿、迈克尔·P·穆迪：《慈善的意义与使命》，郭烁译，北京：中国劳动社会保障出版社，2013 年，205 页。

（Pribbenow）认为大学在教授筹款或非营利组织管理知识的时候应该将其放在犹太——基督教传统的社会源起之中，强调宗教传统的作用。米拉贝拉认为在课程中设置人文学科的知识内容是培养具有批判性思维和反思能力的非营利组织管理者所必须的，因为非营利组织理想的人才既要具有个人道德与热情又要具有很强的专业能力。除了培养通用的非营利组织管理技术，包括金融、治理、人力资源、战略规划、评估、营销等领域的知识外，充分开发非营利组织跨部门运作所需知识的课程也是十分必要的。[32]因此，他总结了美国非营利管理教育课程内容倾向的七个主要领域：慈善学和第三部门；宣传、公共政策和社区组织；筹款；市场营销和公共关系；非营利管理技巧；财务管理；金融学和会计学；人力资源管理和跨域管理课程。[33]

　　德怀特·F·伯林盖姆（Dwight F Burlingame）认为面对充满使命感和复杂结构的非营利部门，大学应该加强对非营利组织领导力的教育，使学生既具备执行领导力又具备思政领导力。[34]阿尔诺·艾布拉西姆（Alnoor Ebrahim）认为因为毕业生都不是存在于单一领域的组织中工作，因此非营利管理教育的课程应该进行跨界设置。通过提供相应的课程以培养学生具有核心商业能力（金融和会计、组织行为、组织管理、人力资源、市场营销等）、公共部门管理能力（政策分析、立法推进和倡议、公共叙事、包括考虑公平和公正的决策制定）和社会部门价值导向和分享精神（社区组织、社会企业、运动创建），为毕业生应对日后复杂工作环境挑战做好准备。[35]斯蒂文·拉特格布·史密斯（Steven Rathgeb Smith）从美国公共政策变化对非营利组织运营影响的角度，提出大学非营利管理教育应该重点关注非营利组织项目策划与分析、政策倡导、跨界合作、联盟创建、利益相关者分析、公民和社区等课程的设置，以使学生具备灵活应对政策变化的组织管理能力。[36]米拉贝拉和扬发现

32　Mirabella, R. M, "University-based educational programs in nonprofit management and philanthropic studies: A ten year review and projections of future trends", Nonprofit and Voluntary Sector Quarterly, 2007 (4), p.14.

33　Mirabelle, "Nonprofit Management Education in the US", Indianapolis, Indiana University-Purdue University-Indianapolis, 2013.

34　Dwight F Burlingame, "Nonprofit and Philanthropic Studies Education: The Need to Emphasize Leadership and Liberal Arts", Journal of Public Affairs Education, 2009 (1), pp.59-67.

35　Alnoor Ebrahim, "Enacting Our Field", Nonprofit Management & Leadership, 2012 (1), pp.24-26.

36　Steven Rathgeb Smith, "Changing Government Policy and Its Implications for Nonprofit Management Education", Nonprofit Management & Leadership, 2012 (9),

随着社会企业成为一种新兴的公益组织形式，大学开设社会企业和社会企业家精神的课程也成为一种风尚。此类课程可以帮助学生培养具有创新性的思维，根据社会的需要创造非营利组织新的运营模式，以实现组织服务社会的使命。[37]

二、国内研究现状

2012 年，随着党的十八大顺利召开，我国现代慈善体系初步形成。为保证现代慈善健康持续的发展，国内学者开始将研究视角投向非营利组织管理人才的培养。现阶段国内除少数研究学者，如朱照南、马季系统综述了美国非营利管理教育研究[38]外，大部分学者的研究主要集中在中国非营利管理人才的现状、中国非营利管理人才培养的专业化体系、中国大学开设非营利管理教育相关课程的研究上。

（一）关于中国非营利组织管理人才现状的研究

非营利组织管理人才是非营利组织发展的核心资源，非营利组织管理人才发展也是非营利组织研究领域的关键课题，卢磊根据剖析国家治理和社会发展的需要提出培养公益慈善专业人才及加强公益慈善相关学科建设的重要意义及紧迫性。[39]2013 年由清华大学 NGO 研究所、北师大珠海分校宋庆龄公益慈善教育中心、基金会中心网和明德公益研究中心合作编写的《中国公益人才发展报告》从宏观的角度出发，分析了中国公益领域的人才专业化、成长性需求、职业发展与流动性、人才职业满意度和管理者胜任力等问题，又从不同组织性质的角度出发，分析了基金会人才、民办非企业单位人才发展现状，并提出提升公益人才能力，推动公益组织发展的对策建议。该报告分两个部分，主报告主要针对调研所获得的基本信息进行描述，反映中国公益人才发展的行业环境和发展状况信息，专题报告在主报告的基础上，利用调研数据进行了实证分析，深入挖掘公益人才的关键特征。非营利组织未来职

---

pp.29-40.

37 Roseanne Mirabella & Dennis R. Young, "the development of education for social entrepreurship and nonprofit management diverging or converging paths?", Nonprofit Management & Leadership, 2012 (1), p.47.

38 朱照南、马季:〈美国非营利管理教育研究综述〉，载《中国非营利评论》，2016 年第 1 期。

39 卢磊:〈发展公益慈善专业：培养公益慈善专业人才的必然选择〉，载《中国社会组织》，2017 年第 1 期。

业者的胜任力，包括激情、敬业与承诺、道德与价值、筹款能力、非营利管理、计划制定和实施、战略思考、有效沟通、多元化意识、营销和公共关系、志愿者管理、信息与网络技术、民主意识、非营利组织财务管理、理事会和董事会发展、关系网络、信息搜索等 16 项专业能力。针对未来非营利组织管理人才需要的能力以及我国该领域专业人才的情况，该报告提出了在高等教育大力发展非营利组织管理人才培养及颁发相关能力认证书等建议。[40]

（二）关于中国非营利组织管理人才培养专业化体系和模式的研究

北京师范大学中国公益研究院院长王振耀从我国非营利组织管理人才培养的政策环境、高等教育、专业培训和公众倡导等领域分析了中国非营利组织管理人才的多层次专业化培养体系。[41]2012 年 4 月，中央组织部等 19 个部门及群团组织联合发布《社会工作专业人才队伍建设中长期规划（2011-2020年）》非营利组织管理人才作为社会服务人才的主体地位更加明确，非营利组织管理人才专业化建设步伐逐渐加快。

非营利管理教育在中国高等教育的各层次上均有不断发展。2012 年 9 月北京师范大学珠海分校在全校范围内招收大三学生开设公益慈善事业管理专业方向，弥补了我国本科阶段非营利组织管理专业教育的空白。2014 年 4 月，中国华侨公益基金会、泰国正大集团、南京理工大学浦江学院合作成立"正大公益慈善学院"，并于同年 9 月开设公益慈善组织管理专业方向的本科生教育项目，加入了探索非营利组织管理本科教育的行列。

我国全日制非营利管理专业的硕士生和博士生从 2009 年开始正式招生，清华大学和北京师范大学等高校开设了相关学历层次的非营利组织管理专业学位点。2012 年，南京大学河仁社会慈善学院在社会学、社会工作硕士与博士点下开设非营利组织管理研究学科，开始系统地实施非营利组织管理专业教育，在地域上平衡了中国南北非营利组织高等人才的培养格局。在中国，非营利组织管理相关专业学位和课程主要放在公共管理硕士（MPA）教育中，全国近 50%（30 所）的 211、985 高校在全日制硕士、博士、MPA 教育中开设相关课程。人民大学的"百人计划"以及国内首个非营利组织专业EMPA——北京师范大学双证非全日制公共管理硕士高级班的启动，都对中国

---

40 清华大学 NGO 研究所：《中国公益慈善行业专业人才发展状况调查研究报告》，北京：清华大学 NGO 研究所，2013 年。

41 王振耀：《现代慈善与社会服务》，北京：社会文献出版社，2013 年，105-132 页。

非营利组织管理高等教育的发展起到了重要的推动作用。

中民慈善捐助信息中心启动"中国非营利组织人才培养计划"兼顾青年领袖培训和机构建设，实施跨国跨界合作培训，促进资源在全球范围的企业、政府、第三部门、媒体间流动，探索非营利组织管理人才培养新模式。

北京师范大学中国公益研究院建立的中国首家公益教育网站"公益网校"为公众进行公益学习提供了互动平台，有助于我国公益养成教育，普及公益理念与知识。

北京师范大学珠海分校宋庆龄公益慈善教育研究中心的杨志伟也介绍了我国公益慈善领域专业人才培养的主要模式：本科人才培养模式（"2＋2 培养模式、四年制本科培养模式和辅修双学位模式）、研究生教育培养模式、高职教育培养模式和代表高校以及相应培养类型。[42]

中央民族大学的李健认为我国公益慈善人才学历教育需要通过"通识教育—辅修教育—专业教育"逐步建立以岗位就业为导向的公益慈善教育体系。[43]

（三）关于中国大学开设非营利管理教育相关课程的研究

北京师范大学中国公益研究院对我国开设非营利管理教育相关项目的大学课程研究后发现，因为非营利组织管理尚未被单独设置为一个二级学科，因此非营利组织管理课程基本被吸纳到不同的管理类学科中，如公共管理类、政府管理与政治学类、社会管理类和人力资源管理类学科中，且在非营利组织管理 MPA 项目中实务性课程居多。[44]非营利组织管理课程体系中包含的慈善伦理、公民道德等课程在培养公民的慈善意识和现代慈善观养成上的作用越发引起学者们的关注。宋垚臻、蔡映辉认为开设非营利组织管理相关课程是高校育人使命实现的重要途径，并以汕头大学公益课程为例为高校开设非营利组织管理相关通识课程提供了思路及实证借鉴。[45]郭军华和牛凤燕两位学者认为非营利管理教育课程体系中的部分课程利于大学生公益慈善意

---

42 杨志伟：〈公益慈善领域专业人才培养的模式及展望〉，载《中国社会组织》，2016 年第 4 期。

43 李健：〈公益慈善人才学历教育发展路径研究〉，载《学会》，2017 年第 6 期。

44 北京师范大学中国公益研究院：《2011 中国公益事业年度发展报告——走向现代慈善》，北京：北京师范大学出版集团，2012 年，98-101 页。

45 宋垚臻、蔡映辉：〈公益课程：高校通识教育课程改革新探索——以汕头大学公益课程为例〉，载《汕头大学学报（人文社会科学版)》，2013 年第 2 期。

识的培养，对塑造大学生的优良品格、培养大学生的社会责任感与现代公民意识起到重要的作用，应考虑纳入高校的德育课程体系。同时高校要广泛利用多媒体进行宣传倡导，积极与地方合作，共同打造可供学生参与公益慈善活动的实践平台，并借鉴国外经验，将志愿服务纳入高校课程体系对学生进行学分激励。[46]

2013 年北京师范大学珠海分校宋庆龄公益慈善教育中心在提交民政部社会福利和慈善事业促进司的结项报告《公益慈善专业本科人才培养模式研究》中，具体介绍了北师大珠海分校与上海宋庆龄基金会、基金会中心网这种"高校＋基金会＋行业"的合作办学模式、治理方式、全校跨专业设置专业方向、加强实务课程与实践教学等创新性的教学方法与具体的课程设置。[47]宋庆龄公益慈善教育中心的杨志伟老师也以北京师范大学珠海分校"公益慈善管理"本科专业为例，尝试推演了国内公益慈善管理本科专科的课程体系。[48]

三、国内外研究现状评述

通过上述分析可知，关于大学非营利管理教育课程设置的总体研究现状是中文的文献较少，而美国的文献相对较为丰富。中国还没有专门研究美国大学非营利管理教育课程设置的文献。因为美国独有的慈善文化、宗教传统和社会经济发展所构成的发达的非营利部门对美国高校开设非营利管理教育起到了巨大的推动作用。就研究内容来讲，美国学者在非营利管理教育领域的探讨较为广泛，从非营利管理教育的历史、发展影响因素到全美非营利管理教育的实施概况（如模式、数量、地域分布、学科分布、学位设置），以及具体教育项目的课程设置等问题都进行了相关研究和讨论。但已有的关于美国大学非营利管理教育的研究多集中在研究生教育层次，对非营利组织管理本科教育项目关注较少，针对课程设置的研究更少，仅有的一些也是将所有层次类型教育项目的课程杂糅在一起进行描述分析。从研究方法来看，既有

---

46 郭军华、牛凤燕：〈高校学生慈善意识培养的思考与探索〉，载《大学教育》，2012年第 9 期。

47 北京师范大学珠海分校宋庆龄公益慈善教育中心：《公益慈善专业本科人才培养模式研究》，北京：民政部，2013 年。

48 杨志伟:〈公益慈善管理专业本科课程体系研究〉，载《中国非营利评论》，2016年第 1 期。

研究以个案研究、描述研究、实证研究为主，而就人文学科发展趋势来看，运用多种研究方法，跨学科进行综合研究能够使问题分析的更加全面而深入。再者，从研究的理论基础来看，对于美国大学非营利管理教育的研究主要采用心理学或教育学的相关理论进行分析，但更多的研究只是实证数据的呈现，总体而言理论基础较为薄弱。

正如非营利管理教育著名学者奥尼尔对大学非营利管理教育未来发展的预测中所言："非营利组织管理本科教育项目将是未来该领域研究的重点。"因此本研究拟在已有研究的基础上，运用复杂系统论中的耗散结构论及其熵变原理和协同理论对美国大学非营利管理教育课程设置进行研究，既能具体考察美国大学非营利管理教育课程设置的现状，又可以根据对美国大学非营利管理教育课程设置系统发展的外部影响条件和内部动力等因素的分析，把握美国大学非营利管理教育课程设置的整体发展特点。

第三节　研究设计

一、理论基础

系统是宇宙间普遍存在的，一般系统论的创始人，美籍奥地利生物学家贝塔郎菲（Bertalanffy）将系统定义为"相互联系相互作用的诸元素的综合体"。他强调系统是多样性、差异性元素相互作用下的统一，是所有元素构成的复合统一整体。[49]一般系统论主要探讨系统内部各元素与整体之间的关系，而耗散结构论、协同论隶属于 20 世纪 70 年代左右逐步发展出来的复杂系统论，主要通过对系统外部能量交换与内部元素竞争协同关系的研究，探讨系统发展变化的总体机制与规律。课程设置是一个根据培养目标，将课程结构、课程内容等要素进行有序整理和编制，形成统一整体的动态系统。本研究欲探究美国大学非营利管理教育课程设置系统发展变化的外部条件和内部动力，因此采用耗散结构论中的熵变原理和协同论作为研究的理论基础。

（一）耗散结构论及其熵变原理

1. 耗散结构论

17、18 世纪的牛顿经典力学认为宇宙的总能量是守恒的，它将宇宙看

---

49 常绍舜：〈从经典系统论到现代系统论〉，载《系统科学学报》，2011 年第 8 期。

成一个线性的进步、稳定的状态和封闭的系统。然而现实世界却是时刻充满变化、无序和混乱的。封闭系统只是物质宇宙中很小的部分，大多数存在的是不断与周围交换物质和能量的开放系统。比利时著名科学家普利高津（I. Prigogine）将注意力转移到现实世界中这种无序、不平衡、不稳定和非线性关系以及对时间流的高度敏感性，于 20 世纪 60 年代末创建了"耗散结构理论"。

耗散结构理论是一种以系统的发生、发展为重点，探讨开放系统演化问题的理论。正如生物学中集胞粘菌目（Acrasiales）变形虫（粘菌）的活动一样。[50]粘菌目变形虫在环境中通常作为单细胞生存，但当食物供给变少时，变形虫便会发出化学信号吸引其他变形虫并随机聚集成为一个集合的团块。作为一个团块的变形虫移动到另一个位置，并在那里从集胞凝块群中形成一个茎状物，这一茎状物具有丰富的细胞，从团块主体中分离出来，生成新的芽孢，继而这些芽孢再分解成新的个体细胞单元。另一个富有特色的例子是以俄国化学家命名的别罗索夫——扎鲍廷斯基反应。这种由丙二酸、溴酸钾、铈离子混合与轻度搅拌的液体，在同质团块中会突然出现一种有色的圆圈从中心扩散开来。不仅整个溶剂呈现"红"色，随着轻轻的摇晃，试剂中便会出现新的"蓝"圈。然后混合液在规则的间隔里自动地呈现为"红"、"蓝"、"红"、"蓝"。并且在某些振荡之中，圆圈交叉旋转促使搅动不仅水平地而且垂直地发生。这一过程是自动催化和重复的，且能自我保存，创造自己的变化，所需的条件只是不时轻轻的摇晃。[51]

普利高津称这种系统模式为耗散结构。他指出"耗散结构"是一个远离平衡态的开放系统，通过不断地与外界交换物质和能量，在外界条件变化达到一定阈值时，就可能从原来的无序状态，转变为一种在时空上或功能上有序的状态[52]。

耗散结构理论证明只要具备一定的条件，远离平衡的开放系统出现耗散结构是可能的，且绝非偶然。这需要具备的条件包括[53]：

---

50 [美]小威廉姆·E·多尔：《后现代课程观》，王红宇译，北京：教育科学出版社，2000 年，149 页。

51 [美]小威廉姆·E·多尔：《后现代课程观》，150 页。

52 [比]伊·普利高津：《从存在到演化》，上海：上海科学技术出版社，1986 年，85 页。

53 [比]伊·普利高津：《确定性的终结——时间、混沌与新自然法则》，上海：上海科

（1）系统是开放的，即与外界环境有不断的物质、能量和信息的交换，只有充分开放才可能驱使系统远离平衡态。

（2）系统必须远离平衡态的，处于平衡态和近平衡态都不会使系统向有序状态发展；只有在远离平衡态的非线性区域内，系统会产生从简单到复杂、从无序到有序的进化过程，逐渐呈现出新的有序结构。

（3）系统内部必须有要素自催化的非线性相互作用。

（4）系统内部必须存在涨落现象，涨落是驱使系统由稳定分支演化到耗散结构分支的原推动力。

2. 熵变原理

耗散结构理论指出，任何系统变化过程的总熵变都由两部分组成：$dS = d_iS + d_eS$（如图 0-1 所示）。其中 d_iS 由系统内部矛盾激化引起，是系统内部不可逆过程产生的，这部分熵变被称为"熵产生"，根据熵增原理，这部分熵变永远不会为负值，即 $d_iS > 0$。而 d_eS 是由系统与外部环境交换能量、信息和物质而引起的，故称为"熵交换"或"熵流"，其正负由系统开放的条件和程度决定。在无物质、无信息和能量交换的孤立系统中，系统内部进行着不可逆的自发过程，即 $d_iS > 0$，因 $d_eS = 0$，所以总熵变 $dS > 0$。在开放系统中，$d_eS \neq 0$，会发生三种情况：1. 虽然 $d_eS \neq 0$，但是 $d_eS > 0$，加强了系统的总熵值（$dS > 0$），从而加速了系统向平衡态运动。2. 在近平衡态，虽然 $d_eS < 0$，但 $|d_eS| < d_iS$，微小的负熵流抵抗不了较大的熵产生，总熵值仍大于零（$dS > 0$），系统只是产生短暂的无序波动，最终还是要趋向平衡态，不会产生耗散结构。3. 对于远离平衡态的系统，因为有较大的负熵流 $d_eS < 0$，足以抵消系统内部熵产生 d_iS，即 $|d_eS| > d_iS$，使得总熵值 $dS < 0$，产生负熵。负熵的增加意味着系统形成了稳定的耗散结构并向有序的方向发展。[54]

耗散结构是一种"活"的系统结构，它必须靠不断吸收外界的负熵流来维持生命的活力和有序结构的建立，否则它将趋于平衡态直至死亡。而只有系统开放的足够大，吸收到足够大的负熵流才足以抵消系统内部的熵产生，使总熵变为负。因此系统有序演化的过程实质为系统不断寻求最大负熵的过程。

技教育出版社。

54 谢世标、谢雄政、欧朝胜：〈负熵及其应用〉，载《广西民族学院学报（自然科学版）》，2006 年第 11 期。

图 0-1　系统"熵"变示意图

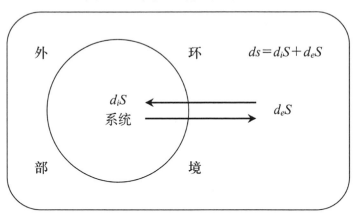

$$ds = d_iS + d_eS$$

资料来源：张杰：《基于自组织理论的区域系统演化发展研究》，博士学位论文，哈尔滨工程大学，2007 年。

耗散结构论及其熵变原理揭示了远离平衡态的开放系统与外部环境进行物质、能量、信息的交换是系统不断向高级有序发展的必要条件。

（二）耗散结构论及熵变原理在研究美国大学非营利管理教育课程设置中的适切性分析

1. 美国大学非营利管理教育课程设置系统的开放性

系统按照与环境是否存在物质、能量和信息的交换被划分为孤立系统、封闭系统和开放系统。孤立系统是指同环境既无物质交换，又无能量交换的系统；封闭系统指与环境无物质交换但有能量交换的系统；开放系统则是指同环境既有物质交换，又有能量交换的系统。美国大学非营利管理教育在课程设置过程中需要根据既定的培养目标，对课程结构进行安排，并对课程内容进行选择和组织，协调不同的元素从而构成一个统一的整体系统。大学开设一个教育项目培养人才除了要考虑学生已有的知识基础和基本能力，还需要考虑对学生传授所选专业的知识与技能。课程设置一定是一个开放的系统，因为培养目标的确立、课程结构的设置、课程内容的选择都需要不断从系统外部，如政策、市场、行业中获取物质、能量与信息。美国公共政策上的变化以及市场机制的调整都会对非营利组织运营产生新的影响，非营利组织必须对自身进行积极调整以应对不断产生的挑战。大学非营利管理教育课程设置系统接收到这些外部环境变化所带来的能量与信息，便在培养目标、课程结构、课程内容等方面做出反应。同时外部环境也不断对大学课程设置输入物质支持，如美国联邦、州政府、当地政府的教育拨款和非营利组织、个人基金会都对美国大学非营利管理教育进行了资金支持，这些资金被用于课程的开发，优秀教师的选聘，学生实践教学等环节。课程设置系统在输入这些物质、信息和能量后，经过研讨、遴选、利用、学习、模仿、创新等过程，通过培养出的合格学生输出新的知识、能力和社会发展所需的信息与能量。

大学非营利管理教育课程设置与外部环境之间这种不断吸收物质、信息与能量、利用和积累物质、信息与能量，不断加工创造新物质、新信息和新能量的过程是系统开放性的重要体现。

2. 美国大学非营利管理教育课程设置系统的非平衡态

按照系统内是否存在差异以及存在差异的程度，可以将系统分为平衡态系统、近平衡态系统和远离平衡态系统。根据熵变原理，平衡态系统是系统内无差异的系统，不能产生有序状态，系统只能向熵增方向演化，即 $ds \geq 0$。近平衡态系统是系统内存在微小差异，虽然 $d_eS < 0$，但 $|d_eS| < d_iS$，总熵值仍大于零（$dS > 0$），系统最终还是要趋向平衡态，是可用线性关系描述的系统，不能产生从无序到有序的演化。远离平衡态系统是系统内存在显著差异，即 $|d_eS| > d_iS$，总熵值 $dS < 0$，需用非线性关系进行描述的系统，该系统会出现新的性质表现。[55]

美国大学非营利组织管理课程设置系统是一个非孤立静止的开放系统，它与外部环境始终保持着紧密的联系，为了培养符合社会发展和行业发展需要的专业人才，它需要对学生传递最新的知识和信息，提高学生应对社会不同变化挑战的能力，不断地追求最大负熵，即保证 $dS < 0$。如果它处于平衡态或近平衡态，那么在课程结构的编排、课程内容的选择上必定是死气沉沉、毫无创新的，将始终处于熵增发展（$dS > 0$），不能形成有序的耗散结构，产生新的能量和信息，无法符合培养目标的要求，只有远离平衡态，不断的吸收外部环境的物质、信息和能量，课程设置系统才可能是一个保持旺盛生命力，不断创新，向高级有序发展的系统。美国大学非营利管理教育培养紧跟政策、市场和行业的变化，培养符合多方发展需要的专业人才的目标从根本上保证了课程设置系统远离平衡态的性质。

---

55 百度百科：《最小熵产生定理》，http://baike.baidu.com/view/572422.htm，2015-03-01。

3. 美国大学非营利管理教育课程设置系统的非线性作用

复杂系统通常由多个子系统组成，子系统间相互关联与相互制约，以某种或多种方式发生复杂的非线性、多样化相互作用。非线性意味着无穷的多样性、差异性、非均匀性、可变性和创新性。系统演化过程中非线性表现主要有三方面的原因[56]：（1）从静态角度看，各要素自身性质的不同就会形成各要素相互作用的性质、作用方式、作用能力大小的不同，也就形成了各要素间非线性相互作用的基础。（2）从动态角度看，系统在演化过程中，不同要素之间的作用力随时间的变化而变化，就会导致整个系统运动状态难以预测，从而表现出非线性效果。（3）统和来看，系统在演化过程中系统内部起决定作用的要素数量在不断变化，同时外部环境除了为系统提供必要物质流、信息流、能量流外，环境中的其他要素也可能通过渗透的方式越过系统边界进入系统，成为系统新的相关要素，这种新要素因自身强大的活力必然对系统原有的状态产生冲击，使得系统格局变化不可预测（如图 0-2 所示）。系统相关要素数量的改变致使系统非线性演进。

图 0-2　系统演化过程中的非线性复杂性

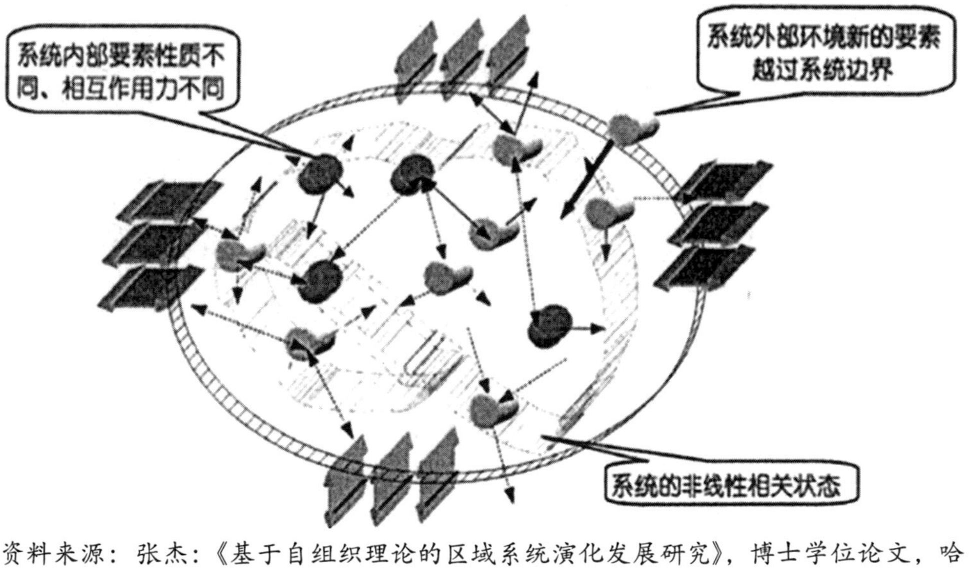

资料来源：张杰：《基于自组织理论的区域系统演化发展研究》，博士学位论文，哈尔滨工程大学，2007 年。

---

56 张杰：《基于自组织理论的区域系统演化发展研究》，博士学位论文，哈尔滨工程大学，2007 年。

课程设置系统内部的课程结构、课程内容等要素因各自性质、作用方式、作用力大小的不同必然使课程设置系统呈现非线性运动。随着时间的变化，社会和行业对专业人才知识和能力的要求也在发生着变化。大学教育项目的培养目标也随之进行相关调整，根据培养目标的要求，抛弃陈旧的课程结构和知识内容，选用先进的方法整合成的富有活力和先进性的课程设置系统自然呈现非线性发展。同时，外界环境中新的政策、市场、行业的信息与能量，以及资金上的支持透过大学课程设置的原有边界进入到课程设置系统中成为新的有力量的相关因素，这些因素的到来使得非营利组织课程设置系统中原有因素的结构发生变化，促使大学非营利组织课程设置系统非线性演化。

4. 美国大学非营利组织管理课程设置系统的涨落

涨落是与系统宏观平均状态发生相对的偏离或波动。任何系统都存在涨落，但涨落尺度的大小、涨落生长或衰减的方向却是随机的。在系统的近平衡态，涨落的存在破坏了系统的稳定性，但还没有引起混沌向有序的演变。但在远离平衡态的开放系统中，随机涨落可能发展到巨涨落，从而破坏原来的平衡结构，并形成新的有序结构，也就是耗散结构。可见，在远离平衡态的开放系统中，涨落对系统起着建设性作用。课程设置系统中的各利益相关群体的需求呈非线性的存在，系统外部环境中的政策、市场因素导致的非营利组织部门的变革对课程设置提出新的需要，学生个体在发展过程中自我意识、人际关系、社会认同与期望也在非线性发展中呈现不同内容和方向上的涨落。教育机构与教师结合自身的专业特性在课程发展方向和课程内容上的需求涨落也是不同的。不同的涨落相互作用，在某些方向上就会形成巨型涨落，从而破坏原来的平衡结构，使课程设置系统形成新的有序结构。因此在外部因素和内部因素的共同作用下，在美国大学非营利管理教育课程设置中涨落是必然普遍存在的。

由以上分析可见美国大学非营利管理教育课程设置系统符合耗散结构的基本特征，因此使用耗散结构论及其熵变原理对课程设置进行分析有利于探究美国大学非营利管理教育课程设置系统发展的外部条件。

（三）协同理论

协同理论是由德国物理学家哈肯教授创立的。作为系统科学"新三论"的协同理论是研究远离平衡态的开放系统在与外界不断进行物质、能量、信息交换的情况下，如何通过系统内部各子系统和要素的竞争与协同作用，生发序参量从而促进系统出现新的有序结构。耗散结构理论阐释了系统形成有序结构的外部条件，协同理论则揭示了复杂系统走向有序结构的内在动力机制，即完全不同性质的子系统怎样合作最终在宏观尺度上形成时空上或功能上的有序结构。[57]

协同理论认为，任何复杂系统的子系统都有两种运动趋向：一种是自发地倾向无序的运动，这是系统走向无序、最终瓦解的重要原因；另一种是子系统之间的关联引起的协调、合作运动，这是系统自发走向有序的重要原因。系统各要素、各子系统之间的相互作用改变了系统的性质，是发生从无序到有序还是从有序到无序的运动趋向，取决于其中哪一种运动占据主导地位。复杂系统演进的过程实质上是系统内部大量子系统之间相互竞争、合作而产生协同效应，并由产生的序参量支配系统继续运动并最终导致整个系统有序结构形成的过程。

（四）协同理论在研究美国大学非营利管理教育课程设置中的适切性分析

协同理论研究的对象是自然或社会系统动力的形成机制，作为社会系统中一部分的大学非营利组织管理课程设置系统，其系统动力的形成机制也符合协同学的基本原理。竞争与协同的相互作用是美国大学非营利管理教育课程设置系统有序演化的动力来源，其作用程度决定着课程设置演化的有序性和稳定性。系统中不同要素的个体差异性必然导致要素间的竞争。这种竞争运动为整体的最终协同打下基础。从宏观上看，竞争有利于课程系统内部各子系统和元素信息能力相互间的沟通和流动，使各种资源的分配和使用达到最优状态；从微观上看，竞争有利于各要素充分展现自我的优势，为教育机构人员在课程设置时全面考虑提供依据。良好的课程设置除了需要各子系统与要素之间的竞争，更需要它们之间的协同。协同运动便于能量和信息的传递、运输与转换。协同作用存在于一切过程和领域，系统越复杂，协同作用越明显。协同对事物的发展起着重要的作用，非营利管理教育课程设置系统中的各子系统与元素通过竞争与协同运动促使子系统产生促进系统发展的序参量，各子系统的序参量再经过竞争与协同，最终产生整个系统动力演进的序参量，推动整个系统前进。在课程设置大系统中存在着多种多样的子系统

---

57 曾卫明：《高校科技创新团队自组织演化研究》，博士学位论文，哈尔滨工程大学，2008 年。

与要素，这些要素之间发生多向性、多维度的交叉渗透，使得资源充分融合与叠加，产生各部分简单综合所没有的整体功能，生发出引领系统前进的序参量。高校课程设计人员将以这些序参量作为设置课程的重要指导，根据培养目标，不断更新课程设置的内部要素，推动课程设置系统不断的向前发展。因此，可以通过协同理论来探究美国大学非营利管理教育课程设置系统发展的内部动力。

二、核心概念

（一）美国大学

大学是一个历史概念，不同时代的学者对"大学"的概念有着不同的解释。[58]从大学的理想和功能角度而言，学者们认为中世纪的大学是"学者的社团"、亨利·纽曼认为大学是"传授普遍知识的场所"、亚伯拉罕·弗莱克斯纳认为大学是"探索和传授高深学问的机构"、克拉克·科尔认为大学是"社会服务站"。从大学组织结构而言，指的是学科比较齐全的综合性四年制本科院校。当然不同国家对大学的具体规定自然不同。就美国而言，"大学一般由 1 个文理学院和 2 个或 2 个以上的专业学院组成，它必须被认可在广泛的领域里有权授予学位"。[59]2006 年卡耐基促进教学基金会根据大学分类标准将美国分为六大类：1. 副学士学位授予学院（Associate's Colleges）；2. 学士学位授予学院（Baccalaureate Colleges）；3. 硕士学位授予学院／大学（Master's Colleges and Universities）；4. 博士学位授予大学（Doctorate-granting Universities）；5. 专业主导机构（Special Focus Institutions）；6. 部落学院（Tribal Colleges）。根据大学的性质不同，大学又可分为公立大学和私立大学。本研究主要探讨面向美国本科层次非营利管理教育项目的课程设置，因此，文中提到的美国大学是指具有学士学位及学士以上学位授予权的大学。根据美国大学开设非营利管理教育项目的实际情况，本研究将以美国综合性四年制大学为主要研究对象，包括私立大学和公立大学。

（二）非营利组织

非营利组织经常又被称为"非政府组织"、"非营利部门"、"第三部

---

58 郄海霞：《美国研究型大学与城市互动机制研究》，北京：中国社会科学出版社，2009 年，25 页。

59 顾明远：《教育大辞典》（第三卷），上海：上海教育出版社，1992 年，60-61 页。

门"、"独立部门"、"志愿部门"、"慈善组织"、"免税组织"等。非营利组织多种多样的称呼源于其主要特征、运营机制和在社会中的角色与地位。

1. 非营利组织六特征说

美国霍普金斯大学非营利组织比较中心教授莱斯特·M·萨拉蒙根据对26个国家的学术、环境、文化休闲、卫生保健、宗教团体、俱乐部等各类型和形态的非营利组织进行比较分析后，于1997年提出可以界定非营利组织的六大特征[60]：

第一，组织性：此类组织机构经过合法注册，具备法人资格。组织内部有明确的章程和制度，有固定的组织形式与成员。

第二，公益性：此类组织设立的主要目的是服务大众，促进社会的进步，对社会价值与文化进行维护与传承，具有强烈的公益使命。

第三，非营利性：此类组织资金主要来源于社会捐助或服务性收费，组织的一切活动不以营利为目的，且受到法律和道德上的双重约束与监督。组织运营所获得的盈余不得在股东和组织成员内部进行利润分配，必须投入到与组织使命相关的项目运营中。

第四，自治性：此类组织通常不是法律要求而组成的，他们具有相对独立的人事豁免权以及进行决策和执行等独立处理组织事务的能力。

第五，志愿性：此类组织的成员均为自愿加入，并以组织的使命为共同行动的出发点，提供时间、精力、资金捐献等方面的志愿服务。

第六，民间性。此类组织在制度上与政府相分离，具有显著的民间性、草根性等特征。

萨拉蒙从组织特征的角度规范了非营利组织的定义。非营利组织的六大特征经常被学术界用来对不同社会制度环境下的非营利组织进行比较研究。

2. "第三部门"、"独立部门"说

"第三部门"（the third sector）是由担任《哈佛商业评论》主编的美国学者西奥多·莱维特（Theodore Levitt）最先提出的。[61] "第三部门"主要强调其介于第一部门（the first sector）或公部门（public sector）——政府和第二部门（the second sector）或私部门（private sector）——企业之间的独立性，

---

60 彭小兵：《公益慈善事业管理》，南京：南京大学出版社，2012年，03页。

61 王向南：《中国非营利组织发展的制度设计研究》，博士学位论文，东北师范大学，2014年。

因此也被称为"独立部门"（independent sector）。第三部门通过自己的方式独立于政府和企业开展活动，以满足社会的需要，推动人民生活水平的不断提高为使命，有组织地提供专业化服务，而不以营利为目的。图 0-3 显示了政府、企业、非营利组织在社会中的角色关系。

图 0-3　政府、企业、非营利组织在社会中的角色关系

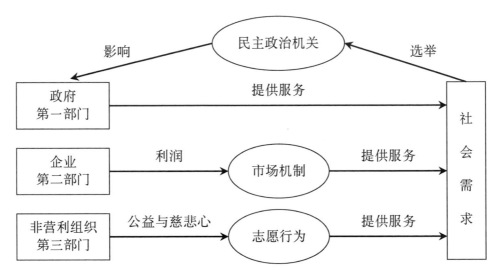

资料来源：彭小兵：《公益慈善事业管理》，南京：南京大学出版社，2012 年，03 页。

　　"第三部门"说是在西方公私领域发展较成熟且界限清晰的情况下，将非营利组织作为政府有限职能和市场完善机制作用下独立处理公共事务的第三种制度形态。[62]

3."非政府组织"说

　　阿迪尔·纳坚（Adil Najam）认为"传统上政府强大的国家，更愿意使用'非政府组织'（Non-Government Organization，NGO）一词；而传统上市场强大的国家，更愿意使用'非营利'一词"[63]，在市场发展较先进的美国，非营利组织是通用词汇；而在世界范围内，"非政府组织"更受青睐，它既可指在不同国家运营的组织，也可指单个国家的内部团体。[64]"非政府组织"说

62　王向南：《中国非营利组织发展的制度设计研究》，博士学位论文，东北师范大学，2014 年。

63　Adil Najam, "Understanding the Third Sector: Revisiting the Prince, the Merchant, and the Citizen", Nonprofit Management and Leadership, 1996 (2), p.208.

64　[美]罗伯特·L·佩顿、迈克尔·P·穆迪：《慈善的意义与使命》，郭烁译，北京：

主要是从政治学角度描述非营利组织以促进社会发展的公共利益为主要任务的组织民间性。

4. "志愿部门"说

正如托克维尔的著名观点所言：美国貌似一个"永久性组织"。非营利组织是人们在非法律强制下志愿结成的组织，因此它也被称为"志愿组织"（voluntary organization）或"志愿部门"（voluntary sector）。这与萨拉蒙对非营利组织进行的志愿性特征界定相同，强调组织的运作与管理主要依靠的志愿者们在时间、精力、金钱和物资捐赠上的一切投入，都是既非法律强制，也非受到威胁或其他形式压迫所产生的行为，是纯粹意义上的志愿行为。

5. "慈善组织"说

将非营利组织称为"慈善组织"（charitable organization）主要是从组织的资金来源和组织的目标角度进行考量的定义。非营利组织的运营资金主要来源于私人的慈善性捐赠。组织运营有两大目标：缓解与自己没有正式关系或法律责任的人的痛苦，有慈悲之心理；同时提高社会公众的生活品质，以公益提升为不断努力的方向。[65]根据组织的公益性目标，为处在贫苦或困难中的人提供慈善救助是组织的重要工作内容。在非营利组织运用中，慈善性的捐赠被用于对需要的人进行慈善性的救助，使得非营利组织也被称为"慈善组织"。

6. "免税组织"说

"免税组织"（exempt organization）主要突出非营利组织在美国联邦所得税及大多数州税和地方税中享受免税或减税的地位。美国非营利组织种类繁多，其中美国国税法（Internal Revenue Code，IRC）第 501（c）（3）条是免税组织中的主力军，此类免税组织主要包括的类型如表 0-1 所示。

501（c）（3）中免税组织运营的主要目的包括宗教、慈善、教育、科学、文艺、公共安全检验、促进国内或国际体育业余比赛（不供应体育器材与设备）和保护儿童与动物的免受虐待。[66]免税组织必须满足的条件有[67]：（1）组

中国劳动社会保障出版社，2013 年，204 页。

65　[美]罗伯特·L·佩顿、迈克尔·P·穆迪：《慈善的意义与使命》，郭烁译，北京：中国劳动社会保障出版社，2013 年，204 页。

66　卢咏：《第三力量：美国非营利机构与民间外交》，北京：社会科学文献出版社，2011 年，08 页。

67　王名、李勇、黄浩明：《美国非营利组织》，北京：社会科学文献出版社，2012 年，

织已经成立并且组织的文件符合规定；（2）组织的宗旨符合免税目的；（3）组织的主要行为符合免税目的；（4）组织不得为不适格的人谋利益；（5）组织不得干预政治，进行立法游说。在美国不同的州和地方也根据当地的法律给予不同类型的非营利组织以免税或减税的待遇，并提出相应的条件。

表 0-1　美国国税法第 501（c）（3）条中免税组织的类型[68]

类型	规　定	特　征
私人基金会	不属于慈善组织的非营利组织。部分私人基金会，包括私人运作型基金会或私人非运作型基金会，可享受慈善组织的优惠	
慈善组织	509（a）（1）	法定慈善组织和公众资助型慈善组织
	509（a）（2）	免税目的活动受资助的慈善组织
	509（a）（3）	以支持 509（a）（1）或 509（a）（2）条规定的组织为目的的支持型组织
	509（a）（4）	公共安全慈善组织

资料来源：王名、李勇、黄浩明：《美国非营利组织》，北京：社会科学文献出版社，2012 年，74 页。

不同的学者根据不同的角度对非营利组织的描述和界定也不同，在本论文中，论者以非营利组织中公益慈善组织为主要研究对象，因而论者对非营利组织下的定义为：非营利组织是指具备独立法人资格，以增进公共利益为使命、以利他为核心价值进行志愿行为，享有免税或减税地位，不以营利为目的，利润不进行内部分配，具有民间独立性质的组织。

（三）非营利管理教育

1. 非营利组织管理

管理学中将"管理"定义为：以人为中心，在特定的内外部环境约束下，为有效实现组织的既定目标而对所拥有的资源及其活动进行计划、组织、领导、控制等一系列科学与创新的社会活动总称。[69]

管理的定义普遍适用于任何类型的组织，它将组织看作一个开放的系统，这个系统不断与外界环境进行着能量的交换与相互作用，同时系统的内部

---

76 页。

68 王名、李勇、黄浩明：《美国非营利组织》，北京：社会科学文献出版社，2012 年，74 页。

69 彭小兵：《公益慈善事业管理》，南京：南京大学出版社，2012 年，01 页。

环境也随之发生改变。因此，对非营利组织进行管理一方面要保证组织创造优良的社会物质和文化环境，提升全体公民的公共利益，实现其使命；另一方面必须保证采用的管理方法和技巧能够适应非营利组织内外部环境的变化。

根据美国管理学大师彼得·德鲁克（Peter F. Drucker）在其著作《非营利组织的管理》中架构的理论体系，非营利组织管理包括：确立组织的使命，实施市场营销、创新和基金发展等有效战略，对组织的项目进行绩效管理，积极开发人力资源与社区等关系网络，以及非营利组织内部人员的自我发展管理等内容。[70]可见非营利组织管理是一个从使命开始，然后到组织的管控、筹资、绩效评估，再到发掘组织内外部有效资源，进而让组织领导者发挥自己最大潜能的动态过程。

2. 非营利管理教育

英文文献中通常使用的 Nonprofit Management Education（NME）直译中文为"非营利管理教育"，即为非营利组织管理教育的简称，是指针对管理非营利组织所需的相关知识和能力设计开展的教育。本论文中探讨的非营利管理教育主要指美国大学中开设的专门为非营利组织培养管理人才的教育项目。这些教育项目不仅要教授给学生非营利组织的相关管理方法和技巧，即"如何做"；同时更要让学生充分理解非营利组织的使命和行为动机，即强调"为什么做"。具体项目名称包括"非营利组织管理"、"非营利领导力研究"、"慈善研究"等。在美国大学中，非营利管理教育主要有专业主修项目、专业辅修项目、证书项目三种实施模式。

（四）课程

在定义课程设置之前，需考量课程的定义。"课程"一词起源于拉丁语，原本为"跑道"（Race Course）的意思。在学校教育中，其最初原意指的是对学科内容学习的进程。但二十世纪后，受到杜威（John Dewey）等进步主义课程思想的影响，课程学者开始重新界定课程的概念，人们从不同的视角各执己见的"重塑"课程的界定，批评、修改及取代课程的原初蕴意，从而赋予了其多样甚至玄奥的涵义。但并无一定向的标准，"从而使课程概念扑朔迷离，越来越难以把握"[71]根据美国学者布鲁尔（Brewer）的统计，课程这一

---

70 [美]彼得·德鲁克：《非营利组织的管理》，北京：机械工业出版社，2007 年。
71 陈桂生：〈"课程"辩〉，载《课程教材教法》，1994 年第 11 期。

术语至少有 119 种涵义。[72]通观众多的课程定义，无外乎是从以下几个维度对其内涵进行限定的。

1. 学科维度

如《袖珍牛津词典》对课程的定义为："课程，主要是指一个学校或者大学的一门常规学习科目"。[73]《辞海》中也有明确的注明："课程即教学的科目。可指一个教学科目，也可以指学校或者一个专业的全部教学科目，或者指一组教学科目"。[74]《中国大百科全书》表达为："课程有广义、狭义两种。广义指所有的学科（教学科目的总和）。或指学生在教师指导下各种活动的总和。狭义指一门学科。"[75]美国课程论专家费尼克斯（Phenix）也指出，课程应完全包含学科的知识，或者说一切课程的内容应从学问中来[76]。这种维度的课程定义强调学校向学生传递知识体系，以知识为中心，注重知识的逻辑和结构，重点发展科目编排、教材、教科书和课程材料的编制。但这种定义未能将学生在各类活动中获得的经验包括在内，忽视了个人成长中智力的发展和创造力的表现，遮蔽了课程设置工作。

2. 目标维度

不同于传统观念中将学科视为课程，而将"预期的学习结果和目标"视为课程。如波法姆（W. James Popham）和贝克（Eva L. Baker）认为："课程是学校所负担的所有预想的学习结果"。约翰逊（Mauritz Johnson）认为课程是："预期学习结果的结构化序列"。被誉为"现代课程理论之父"的泰勒（Ralph W. Tyler）在 1949 年指出"学校课程一般被界定为所有学校的计划和指导的学习"，其立场也重在目标。[77]此维度的课程定义实质是以社会问题为中心的社会改造主义课程论的体现。虽然这种课程提醒了人们要重视目标和计划，但是却割裂了目标、计划与手段、过程的联系，未能兼顾课堂情境下随时可能出现的即时计划，未能充分显示课程设置工作。

3. 经验维度

"课程即学习者的经验"这一观念是从杜威的实用主义教育理论发展而

---

72 [美]乔治·A·比彻姆：《课程理论》，北京：人民教育出版社，1989 年，169 页。
73 [英]索恩斯：《牛津袖珍英语词典》，北京：外语教学与研究出版社，2002 年，222 页。
74 《辞海》（上册），上海：上海辞书出版社，1999 年，1144 页。
75 《中国大百科全书》（教育卷），北京：中国大百科全书出版社，1985 年，207 页。
76 周海涛：《大学课程研究》，北京：中国社会科学出版社，2008 年，01 页。
77 周海涛：《大学课程研究》，02 页。

来的，杜威认为："教育是在经验中，由于经验，为着经验的一种发展过程"。[78]经验维度范畴内有众多支持者，如卡斯威尔（H. Z. Caswell）、哈斯（Hass）等人认为："课程是学生在学校或者教室中与教师、环境、教材等人、事、物交互作用的所有经验"，"课程是个体在教育计划里所获取的全部经验"。[79]此种界定实质是把课程的中心从学科知识或社会中心转向了学生，认为课程包括教学，兼顾学生的学习过程和成果，同时也关心既定目标之外学生的学习经验。然而，"课程即经验"的定义过于宽泛，要面临如何区分和对待合理与不合理经验、和学习有关与无关经验，以及教师对每位同学不同经验的及时反馈等难题，面临具体课程设置之时往往难以操作。

　　回顾复杂多样的课程定义，想要达成共识似乎是一件不可能的事情。课程专家施瓦布（Schwab）曾指出课程研究如若仅致力于追求准确详细的理论，而忽略其实践行动，那课程研究便应宣告死亡。[80]对此，北京师范大学周海涛教授认为："课程就是在特定情景下凭借理论研究和实践探索来选择与建构包括目标、内容、实施、评价等彼此关联要素而形成的有机、动态系统。"[81]周教授的定义规避了以往课程定义偏颇的强调目标或结果，亦或单一重视学生或教材的缺陷，将课程看成是一个有机、动态的系统，可以更好的揭示课程各要素内部之间及整个系统与外部之间的关系，从而可以不断丰富和深化课程的内涵。

　　本研究在探讨美国大学非营利管理教育课程设置时便采用周海涛教授对课程以及大学课程的定义，认为非营利管理教育的课程即是为适应与促进社会和行业发展，以及大学生个体的全面发展，选择与建构包括课程目标、课程内容、课程实施、课程评价等关联要素所形成的有机动态系统。这一课程定义既关注学校中科目和活动，也重视学生在学校活动中获得的经验，认为课程是教育过程的计划和安排，是一切有程序的教育教学活动。

（五）课程设置

　　《汉英教育词典》中，"课程设置"对应的英文有：curriculum provision

---

78 赵祥麟、王承绪：《杜威教育论著选》，上海：华东师范大学出版社，1981年，351页。

79 邓艳红：《课程与教材论》，北京：首都师范大学出版社，2007年，05页。

80 周海涛：《大学课程研究》，北京：中国社会科学出版社，2008年，06页。

81 周海涛：《大学课程研究》，07页。

和 course offered[82]。通过英文单词可看出课程设置强调课程的提供及课程提供的规则。《教育大辞典》中将课程设置（curriculum provision）解释为学校开设的教学科目。指为实现培养目标，切合社会的需要、学生的身心发展特点，促其德智体等方面发展，由高等学校中各学系、各专业教研室规定的教学科目。[83]简明国际教育百科全书中借鉴 W·H·舒伯特（Schubert）的观点，认为课程设置（course offering）是学校安排课程的整个范围和特征，包括既定的时间、既定的课程内容、或整个学习计划。课程设置在学校中有明文的规定，已构成课程政策。除不可直接观察的隐形课程外，高校中课程设置的结构主要为必修课和选修课。[84]

根据系统论的观点，大学的课程设置是一个有机的整体，它是指按照人才培养目标，在一定教育价值观的指导下，根据学生、学科和社会的需要，有计划地对课程结构、课程内容进行选择安排的有机动态的系统化过程。课程设置是对教育项目进行整体性"课程设计"的一部分。

就课程设置整体而言，最重要的就是一定要符合培养目标的要求，要把握将学生培养成什么样的人才的教育价值导向。[85]课程设置需要保证课程开设的顺序、课程之间的衔接合理有序；课程内容的安排能够反映学科的主要知识与方法论，并紧跟时代发展的要求。本研究关于美国大学非营利管理教育的课程设置主要基于耗散结构论中的熵变原理和协同论考察：为培养非营利组织发展需要的有坚定使命感和专业能力的人才，美国大学在课程结构的安排和课程内容选择上的动态发展过程。

三、研究方法

本研究坚持历史考察与现实分析相统一、理论探讨与实际考察相统一、宏观研究与微观研究相统一的原则。在研究中，主要采取以下几种具体的研究方法：

（一）文献法

比较教育研究中，实地考察是最佳研究方法，例如可到美国对开设非营

---

82 赵宝恒：《汉英教育词典》，贵阳：贵州教育出版社，2003 年，203 页。
83 顾明远：《教育大辞典》，上海：上海教育出版社，1997 年，899 页。
84 江山野：《简明国际教育百科全书》，北京：教育科学出版社，1997 年，133 页。
85 陈威：《"实践取向"小学教育专业课程设置研究》，博士学位论文，东北师范大学，2013 年。

利组织管理项目的高校进行实地考察。但因客观条件的限制，采用文献法，这种基础但运用最为广泛的研究方法也不啻为一种好的选择。关于美国大学非营利组织管理课程设置的相关资料多见于美国对非营利组织管理人才进行培养的相关专业书籍、报刊杂志、研究报告和各高校、教育组织与研究机构的官网中所发布的政策文件之中。只有对重要文献进行深入的挖掘、整理与分析，才会找到有价值的研究资料。因此，本研究将文献法作为最重要的研究方法。

（二）比较法

比较法是比较教育研究中的常用方法之一，也是本研究的主要研究方法。这是由以下两方面因素决定的。其一，本研究的主要目的在于从美国大学非营利管理教育课程设置中汲取有益的经验以服务我国大学非营利管理教育的开展，所以中国大学非营利管理教育课程设置一直作为比较对象存在于研究分析的整个过程中。其二，美国大学非营利管理教育不同的项目模式其课程设置有什么不同？其特点是什么？不同因素在大学非营利组织管理课程设置系统中的影响作用是什么？采用比较研究有助于更准确地回答这些问题。

（三）案例法

案例法是选择典型的、特殊的案例加以研究并由此得出一般规律的方法。在本研究中，案例法也是主要的研究方法之一。美国是一个以多元化为主要特征的社会，高等教育中的教育项目和课程设置也尤为如此。每一所高校、每一个教育项目的课程设置都有自己的特点。1996年第二届美国非营利组织管理和慈善研究伯克利会议上，美国大学非营利管理教育专家多尔希教授在其研究文章中将美国大学非营利管理教育分为三种实施模式：证书项目模式、专业主修模式和专业辅修模式，并经过验证挑选出了具有对应模式典型特点的大学：路易斯安那州立大学什里夫波特分校、亚利桑那州立大学和林登伍德大学，分别对其不同项目的课程设置进行分析。2006年第三届美国非营利组织管理和慈善研究亚利桑那大会上，多尔希和米拉贝拉等教授对十年前这三种项目实施模式的学校进行了回访和研究数据上的更新。[86]时至今

86　Norman A. Dolch, Marvin Ernst, John E. McClusky, Roseanne M. Mirabella & Jeffery Sadow., "The Nature of Undergraduate Nonprofit Education: Models of Curriculum Delivery", Nonprofit and Voluntary Sector Quarterly, 2007 (9), p.32.

日，持续进行相关研究的多尔希教授仍然认为研究中选取的三所大学在教育项目实施模式和课程设置上具有代表性。因此本论文也以这三所高校的三种非营利管理教育项目的课程设置作为案例进行详细分析，以了解美国大学非营利管理教育课程设置的特点。

（四）调查法

为更深入细致的把握美国大学非营利管理教育课程设置的现状与特点，本研究对美国大学非营利管理教育的著名研究学者多尔希教授和三所案例大学非营利管理教育项目的负责人进行了邮件访谈。此外，为了更真实深入的了解我国大学非营利管理教育课程设置的现状，以提出有针对性的建议。本研究还设计了访谈提纲，以随机抽样的方式在我国开设公益慈善事业管理教育项目的高教机构——北京师范大学珠海分校宋庆龄慈善教育中选择了中心的项目主任（1人）、授课教师（2人）、两届毕业生（4人）、大四实习学生（2人）、大三在读学生（2人）、就业单位的领导（2人），并对其进行了访谈调查，以了解我国大学非营利管理教育课程设置的现状特点和存在的问题，为进一步的分析思考提供现实材料的支持。

四、研究思路

本研究以美国大学非营利管理教育课程设置为研究对象，运用耗散结构论中的熵变原理和协同理论对美国大学非营利管理教育课程设置系统发展的外部影响条件和内部发展动力进行了深度剖析；并根据美国大学非营利管理教育课程设置系统发展的经验，对中国大学非营利管理教育课程设置中存在的问题和今后发展做了一定的思考。基于此，本文将从以下几个方面来展开：

第一章通过对美国非营利组织历史发展的研究，了解美国大学非营利管理教育产生的背景、发展现状以及非营利组织学术中心委员会和非营利组织领导力联盟这两大专业协会对美国大学非营利管理教育课程设置的引领。

第二章根据美国非营利管理教育实施的三种模式，分别选取了路易斯安那州立大学什里夫波特分校的证书项目模式、亚利桑那州立大学的专业主修项目模式和林登伍德大学的专业辅修项目模式，对其课程设置的现状和特点进行分析与把握，为进一步分析美国非营利管理教育课程设置系统发展的外部条件和内部动力做好材料铺垫。

　　第三章以耗散结构论中的熵变原理为基础，检视美国非营利组织在美国新公共管理政策和创新发展战略政策影响下管理方式的转变，以及在强烈的市场导向下美国非营利组织市场营销策略的使用，对美国大学非营利管理教育课程设置系统发展产生的外部影响。

　　第四章运用协同理论对协会组织、大学、院系、课程类型、相关利益群体、课程实施途径等多个要素相互间的竞争与协同运动所产生的序参量——能力本位培养目标的分析基础上。对美国大学非营利管理教育课程设置系统发展的内部推动作用作深入剖析。

　　第五章是对美国大学非营利管理教育课程设置研究的结论以及对中国大学非营利管理教育课程设置中存在的问题和未来发展做的进一步思考。

第一章　美国大学非营利管理教育课程设置的历史考察

"这或许是美国历史上最不为人知的成功故事"

——理查德·莱曼（Richard Lyman）

这是斯坦福大学前校长、历史学家理查德·莱曼在提到美国非营利组织的历史时所说的一句非常著名的话。在先有社会，后创建国家的美国，非营利组织几乎与美国社会的历史一样悠久。深厚的慈善传统、根深蒂固的结社精神与生态、广泛民众参与的志愿服务、巨大的捐赠资源，在此基础之上美国形成了世界上独一无二庞大的非营利部门。非营利部门专业化、组织化的发展推动了美国大学开设相关教育项目，并根据社会需要和组织发展的需要设置相关课程，培养专业化的非营利组织管理人才。由此可见，美国大学非营利管理教育课程设置的历史发展是与美国非营利组织的历史发展紧密相连的。

第一节　美国非营利组织的发展历史

180 多年前，法国著名的政治家托克维尔在其不朽的巨著《论美国的民主》中写道："美国人不论年龄大小，处于什么地位，无论志趣是什么，都无不时时在结社。"[1]的确如此，美国人与生俱来的结社精神形成了美国丰富多

1　[法]托克维尔：《论美国的民主》上卷，夏果良译，北京：商务印书馆，1988 年，213 页。

彩的结社生态。根据美国非营利组织思想的发展，组织类型的变化，数量规模的增加以及相应法律法规的建立，可将美国非营利组织发展的历史大致划为以下四个主要阶段。

一、美国非营利组织的萌芽起步阶段

（一）从殖民者登陆北美大陆到 19 世纪中晚期美国非营利组织的发展

从殖民者登陆美洲大陆的那一刻，社会意义上的"美国"便产生了。这个"美国"最大的特质便是"自治"。就如《五月花号》公约中提到的，最早抵达新大陆的人"自愿结为民众自治团体"。而结社就是自治的主要形式，很多以互助形式成立的小的志愿团体早在政府建立之前便在经济、社会、教育等领域开展活动，相互帮助。

美国早期出现的非营利组织主要是深受宗教影响的慈善组织。作为英国殖民地的美国，其慈善思想也深受英国影响。英国的慈善思想起源于古老的希伯来教义，教义中教导人们帮助贫穷的人是实现社会正义的重要一步，有能力的人有道德义务为需要帮助的人提供扶助，同时需要帮助的人也有道德义务接受帮助。[2]早期的基督教慈善思想就起源于犹太教，而早期犹太教堂的重要功能之一便是组织慈善捐助。当罗马君士坦丁大帝于公元 311 年信奉基督教后，便把地方税收的一部分用来支持教堂进行慈善活动。因为耶稣教导人们要把爱、仁慈与正义刻于自己的心上，因此慈善捐赠成为那时与神合一的重要精神行动。公元 4 世纪，基督教徒中已很好的建立起了慈善的概念，当罗马帝国逐渐衰弱之后，罗马教堂成为了组织欧洲慈善活动的主要机构。从公元 6 世纪一直到中世纪早期，天主教修道院都是欧洲慈善活动的中心，直至宗教改革时期，由于英国封建制度的建立，拥有大批土地的贵族阶级逐渐承担起了扶贫的责任，英国开始从国家法律层面对慈善活动进行规范。1939 年英国颁布《劳工法》禁止流浪与乞讨，这也从理论上禁止人们提供所谓的"混淆施舍"从而鼓励一部分人的懒惰与放荡。这部《劳工法》成为后来英美法系中慈善管理法规的源头。慈善从宗教净化人们心灵的手段成为了一项社会工程。[3]

2　王名、李勇、黄浩明：《美国非营利组织》，北京：社会科学文献出版社，2012 年，10 页。

3　丁晶晶、李勇、王名：〈美国非营利组织及其法律规制的发展〉，载《国外理论动态》，2013 年第 7 期。

　　虽然英国的慈善思想对初登新大陆的美国移民产生了很大的影响，但是美国的非营利活动却不是对英国的照搬，他们根据自己的社会发展特点开创了具有美国特色的慈善思想与行为。在强大的政府建立之前社区文化就已经建成，这使得自治和互助成为当时文化与政治的核心。新教教徒的禁欲主义也对美国慈善产生了重要的影响，新教徒相信财富是上帝给予的美德和选择，但贫穷不是，每个人都是自己的主人，要为上帝赋予的道德义务负责，而不能依靠同胞。在这种信念下，宗教性慈善逐渐褪去，政府与社会只对个人的福祉负有限责任。因而，在美国独立战争胜利后，美国的慈善便向支持穷人寻找工作转变。同时，启蒙运动的思想也认为"穷人应为自己的贫困负责"，此类观点导致了 19 世纪很多美国组织掀起了反贫穷运动，这些组织期望为人们提供精神上的指导并帮助人们通过就业来消除贫困。到了 19 世纪，美国涌现了如互助社、社会服务组织、教育文化机构、改良运动组织等一些就具有社会运动特色的组织，而在这之前，美国的非营利组织多与企业、商业公会、合作社混为一谈。19 世纪中期，随着营利性企业和非营利组织的发展，美国多数州开始制定相应的文法以规定不同类型的法人：商事法人、合作社法人、非营利法人。此后，非营利组织便以非营利法人的形式存在，在这个时期，很多服务于会员的各类型互益协会大量出现，全国范围内农民协会和劳工组织也逐步发展起来。

（二）从殖民者登陆北美大陆到 19 世纪中晚期美国非营利组织的特点

　　此时期的美国非营利组织的特点主要有如下几个方面：一是大多数非营利组织主要依靠捐赠开展服务活动，仍属于传统意义上的慈善组织；其二，除了像会员俱乐部这样的会员互益型非营利组织，非营利组织的主要工作仍是开展慈善活动；其三是非营利组织基本停留在社区层面，组织的整体性和规模都比较小；其四是多数非营利组织以非营利法人形式存在而没有采取慈善信托[4]的形式；其五，自助是这个时期慈善的主要理念，慈善主要为穷人提供精神上的支持和建议而不是提供捐助，"友善访问"或"友善建议"成为主要的慈善活动。[5]这种慈善理念对美国非营利事业发展的影响很大，除了内

4　慈善信托又称"公益信托"，仅以实现社会事业为目的，以全社会或部分社会公众为受益人的信托，是现代慈善信托的起源。

5　王名、李勇、黄浩明：《美国非营利组织》，北京：社会科学文献出版社，2012 年，12 页。

战和大萧条这种由于社会动荡和社会结构失衡引起的大范围贫穷救助外，美国非营利组织鲜有直接对穷人的大规模公共救助。

二、美国非营利组织的科学发展阶段

（一）19 世纪末到 20 世纪 30 年代美国非营利组织的发展

19 世纪末 20 世纪初的美国已经崛起为世界新兴大国，经济发展迅猛，财富得到空前的积累。随着资本不断集中以及垄断组织的发展，美国在社会、经济、文化诸多领域都发生了巨大的变革，同时也诱发了深刻的社会矛盾与危机。此时民众要求改革的呼声不断高涨，工人运动风起云涌，并最终于 20 世纪初汇集成美国历史上著名的"进步主义运动"，引发了全国改革的浪潮。[6]

美国社会经济的快速发展所引发的财富的高度集中与社会变革的潮涌，同样对美国非营利组织的发展产生了巨大的冲击。一批掌控巨大财富和大量社会资源的企业家自愿投入到社会改良的大潮中，成为推动美国非营利组织发展与转型的重要力量。其主要的形式表现就是 19 世纪末 20 世纪初，由私人兴办的现代基金会——一种新型非营利组织的大量涌现。这个时期，全美最大的三个基金会分别是：1907 年成立的赛奇基金会（The Sage foundation）、1911 年成立的卡内基基金会（The Carnegie Foundation）、和 1913 成立的洛克菲勒基金会（The Rockefeller Foundation）。

当时的美国首富安德鲁·卡内基（Andrew Carnegie）倾注全部财产创办了卡内基基金会。他在著作《财富的福音》中论述了他的慈善思想：他认为富人对社会有不可推卸的责任，不应炫耀奢华，应过一种简朴的生活方式。在满足家人恰当的需求后，应将财富视为他人委托自己管理的信托基金，应深思熟虑的将这笔钱用于可以对全社会产生最佳效益的事业上去。他认为"拥有巨富而死是耻辱的"，倡导美国的富人在生前就要将财富有计划的用于公众的福利事业上去，并反对一般的慈善布施行为，他强调财富的捐赠绝不能使受捐者堕落，养成游手好闲等恶习。财富应该用于对有上进心、最优秀的那部分穷人的激励，帮助他们一步步改善自己的境遇，因此他建议应将财富投向大学、公共图书馆、医院、医学院、实验室、公园、教会等一系列的

---

6 王春来：〈转型、困惑与出路——美国"进步主义运动略论"，载《华东师范大学学报（哲学社会科学版）》，2003 年第 5 期。

利民的社会公共设施之中。[7]

石油大亨洛克菲勒经历了与卡内基类似的心路历程，在危机散财理念的引导下，洛克菲勒家族成立了洛克菲勒基金会，将巨大的财富投放于社会公益事业中。老洛克菲勒认为健康是人类福利的根本，因此对医学教育、现代医院、医疗服务等事业提供了大力的支持；在扶贫方面，他认为从根本上解决贫困问题需要对农业进行改良，增加粮食产量。因此洛克菲勒基金会同样斥巨资用于农业技术的开发和改良。

不仅仅是卡内基和洛克菲勒，19世纪末20世纪初，美国有大批巨富创办了私人基金会。这些基金会有着明确的公益目标，在资产受托管理和规模上、基金会的运作管理上、以及运用资金进行公益服务上都进行了诸多探索与创新，例如卡内基研究院、洛克菲勒研究院、委员会和理事会等机构相继建立。现代基金会不仅考虑组织的管理和效率，同时希望像生物学和医学一样规范慈善领域，因此在20世纪初，美国发生了一场以科学慈善为标志的"慈善革命"[8]，现代基金会从传统法律意义上的古典慈善进入了科学慈善，并作为非营利组织一种新的形式在社会发展中起到越来越重要的作用。

（二）19世纪末到20世纪30年代美国非营利组织的特点

这一时期，美国非营利组织的特点主要有：第一，现代私人基金会，作为美国非营利组织的"新贵"亮相于美国的社会舞台之上，其规模与资产是传统非营利组织所无法比拟的。第二，现代基金会以人类未来的发展作为目标使命，引领了非营利组织的公益宗旨，如卡内基基金会的使命是"增进和推广知识与理解"，洛克菲勒基金会的使命是"促进全球的人类幸福"。第三，现代基金会在非营利组织的治理结构上进行了创新与变革。它们以类似公司的法人治理结构，提高了组织回应社会和时代需要的能力，并创造高效率的赠款途径进而推动受赠组织的高效率运营。第四，现代基金会引领了美国非营利组织的发展模式，使其从传统的个人行为转变为更大规模、组织化、专业化的社会活动。第五，现代基金会使慈善脱离对宗教的依附，使慈善成为独立的公民意识，使基金会等非营利组织逐渐独立于宗教和教派之外，融

7　[美]安德鲁·卡内基：《财富的福音》，杨会军译，北京：京华出版社，2006年。

8　James Allen Smith, "The Evolving American Foundation", in *Philanthropy and the Nonprofit Sector in a changing America*, ed. Charles Clotfelter & Thomas Ehrlich, Bloomington & Indianapolis, Indiana University Press, 1999, p.37.

入整个社会的活动之中。第六，现代基金会拓展了美国非营利组织的活动范围，将其从社区、城市、地区，发展到全国甚至全球范围。

三、美国非营利组织的专业化扩张阶段

（一）从"新政"到 20 世纪 70 年代美国非营利组织的发展

1933 年至 1939 年，罗斯福政府为克服带来全美社会危机的经济"大萧条"，采用凯恩斯主义的主张，对国家经济进行全面干预，形成所谓的美国"新政"。对失业者进行大规模的救济和贫民"福利国家"的政策是"新政"的核心内容之一。1936 年美国国会颁布并施行了《社会保障法案》，美国社会的福利制度逐渐得到健全，这在相当程度上造成了对非营利组织和慈善事业发展空间的挤压。即使在现代基金会比较活跃的医院、学校、图书馆等领域国家也直接投入了大批的资金支持，因此美国的很多基金会不得不转向社区开展活动，或者将活动领域向海外拓展。第二次世界大战期间，美国致力于济贫、救灾、难民扶助、伤员救助等领域的非营利组织在世界各地发挥了重要的作用；二战结束之初，联合国筹备活动中也有美国非营利组织的身影。1945 年，50 多个国家代表齐聚旧金山召开联合国宪章起草会议，共有 42 家美国非营利组织作为美国代表团顾问出席，160 家美国非营利组织作为观察员参会。在这些非营利组织的积极影响下，《联合国宪章》增加了关于人权、健康和教育的条款，并规定 NGO 在经社理事会有"谘商地位"。[9]

二战结束后，美国大型非营利组织和基金会迅速将工作重心向第三世界国家转移，如洛克菲勒基金会、福特基金会等大型基金会与世界银行、联合国开发计划署、美国国际发展署密切配合，在亚非拉各国的扶贫、教育、卫生、人权、农业发展、社区发展等领域开展大量援助项目。在美国国内，约翰逊总统于 1964 年发表演说称："美国不仅有机会走向一个富裕和强大的社会，而且有机会走向一个伟大的社会"[10]这个时期，美国联邦政府和各州政府加强与非营利组织的合作，通过购买服务的方式推进"反贫困"计划的实施，为美国非营利组织发展开拓了新的空间。到 20 世纪 70 年代，美国非营利组织在数量、规模和活动范围上都有了显著扩张，非营利组织作为服务业

9　王名、杨丽：《国际 NGO 论纲》，见王名、杨丽：《中国非营利评论》（第八卷），北京：社会科学文献出版社，2011 年，10 页。

10　王名、李勇、黄浩明：《美国非营利组织》，北京：社会科学文献出版社，2012 年，17 页。

的发展主体，在这个美国服务业蓬勃发展的时期，成为了医疗卫生领域和教育领域的主力军。

在此时期，商业型非营利组织在美国大量出现，同时，非营利组织商业化现象也普遍存在。1965年，美国《医疗保险和医疗补助法》出台，非营利医院成为面向公众提供收费医疗服务的主要机构，在此之前，这些非营利医院主要为穷人提供医疗补助。与此同时，美国政府向非营利组织购买服务的力度也逐渐增强。1974年《社会保障法改革法案》的通过，使得政府有权力利用联邦资金购买它们认为必要的社会服务，各级政府迅速利用"购买服务条款"向非营利组织购买服务以执行政府的社会福利政策。这导致美国非营利组织数量和类型的大量增加。政府尤其是美国联邦政府成为非营利组织重要的资金来源，与此同时，政府部门对非营利组织的监管也逐渐加强，从而促进了非营利组织的专业化。

（二）从"新政"到20世纪70年代美国非营利组织的特点

这一时期，美国非营利组织的发展呈现如下特点：第一，大型非营利组织和现代基金会成为国际性的非营利组织，它们将组织的活动扩展至世界范围，为全球提供公共服务。第二，美国各级政府与非营利组织的合作日趋加强，大量非营利组织加入到国家的"反贫困"计划中，通过参与政府购买服务，为社会提供公共供给。第三，非营利组织的活动领域从传统慈善服务扩展至广泛的社会服务领域，乃至政府的公共服务领域。第四，大量的商业型非营利组织的出现使得非营利组织呈现更为强烈的商业化倾向，非营利组织逐渐与营利组织进入平等的竞争环境中。第五，非营利组织数量和规模显著增大，专业化的发展使其影响力不断增强，逐渐成为美国经济和社会发展的重要组成部分。

四、美国非营利组织的日趋完善阶段

（一）20世纪80年代至今美国非营利组织的发展

20世纪80年代，美国陷入了以"滞涨"为特点的新一轮经济危机。长期的通货膨胀及经济的停滞使美国政府的财政赤字不断升高。为突破这一困境，里根总统掀起了一场新公共管理运动。联邦政府着力改善与公众的关系，大力缩减政府的财政支出，同时也减少了流向非营利组织的资金，直接导致了以向政府出售服务为主要收入来源的非营利组织陷入生存困境。

以往经济危机时，政府会通过加大对非营利组织的支持以帮助政府向社会提供福利服务，但并不鼓励非营利组织进行商业活动。而此次经济危机中，里根政府大范围缩减了联邦对非营利组织资金支持，同时出台了历史上第一个促进非营利组织参与商业活动的法律政策，这些做法驱使美国的非营利组织主动做出改变以适应形势要求。虽然部分非营利组织由于在新政策下无法运转而消失，但美国的绝大部分非营利组织获得了成功的转型并在商业领域空前活跃。市场为慈善事业提供了大量的资源，使非营利组织获得前所未有的升级，社会企业、公益创投等创新模式得以涌现。

20 世纪 80 年代以来，美国非营利组织在数量、规模、影响力、活动领域等方面都实现了空前增长，非营利部门的年均增长率远超美国国民生产总值的年增长率，1985 年至 2004 年间，美国私人基金会数量增加了两倍多。[11]

美国非营利组织商业化的不断推广和加深导致了非营利组织使命和手段之间的矛盾加剧，同时政府法律上的缺陷和监管手段的匮乏，导致非营利部门中丑闻不断，例如 2001 年发生的"美国红十字会丑闻"[12]等，带来的直接后果是非营利组织的公信力明显下降。据报道，从 1995 年至 2002 年间，美国非营利组织的各种丑闻涉及资金总额达 12.8 亿美元。其中一项调查显示，2001 年到 2002 年，民众对非营利组织的信任度从 90%下降到 60%。2006 年显示，有 71%的受调查者认为非营利组织大量滥用捐款，仅有 11%的受访者信任慈善组织的支出。[13]这促使人们更多的选择建立私人基金会。同时，1984 年《赤字削减法案》的通过，提高了向非运作型私人基金会捐赠的税收减免幅度，私人基金会迅速增加，基金会的总支出也不断增加。

（二）20 世纪 80 年代至今美国非营利组织的特点

这一时期美国非营利组织发展有以下特点：第一，美国非营利组织在数量、规模、范围领域和影响力方面都呈现了前所未有的发展势头，已成为美国经济社会中的重要部门。第二，由于美国公共政策和法律环境的变化，非营利组织被完全推向自由市场，非营利组织的商业化越发明显，服务性收费

---

11 王名、李勇、黄浩明：《美国非营利组织》，北京：社会科学文献出版社，2012 年，19 页。

12 2001 年美国红十字会将人们捐赠用于帮助"9·11"受害者的资金用于其他项目的运作。

13 王名、李勇、黄浩明：《美国非营利组织》，北京：社会科学文献出版社，2012 年，20 页。

成为非营利组织的主要收入来源，慈善捐助只占组织收入的小部分。[14]第三，由于非营利部门丑闻的出现以及税法的影响，非营利组织公信力降低，同时私人基金会数量增加。第四，非营利组织以市场为导向进行商业化运作涌现了以社会企业和公益创投为代表的组织创新形式。第五，联邦和地方政府在非营利部门法律法规和监管问责上的欠缺，使得社会对制度变革和监管改革的呼声越来越高，推动了美国非营利组织相关法律法规制度的创新与改革。

第二节　美国大学非营利管理教育的发展

美国非营利部门专业化、组织化的发展推动了美国大学开设相关教育项目，并根据社会需要和组织发展的需要设置相关课程，培养专业化的非营利组织管理人才。

一、美国大学非营利管理教育的发展背景

（一）从社会教育发展到高等教育

美国学者普遍认为美国非营利管理教育的萌芽产生于 20 世纪 80 年代初。因为此时美国非营利部门的迅速的发展刺激了对非营利管理教育项目的需求。其实在上个世纪 80 年代以前，非营利管理教育就已经在美国存在了。早在 19 世纪末期，社会问题丛生，纽约市慈善组织协会（the Charity Organization Society of New York City）大力提倡通过科学慈善来解决社会问题。该组织在全国范围内产生了巨大影响，它们提倡有区分的捐赠以免让受助者产生依赖。1898 年，纽约市慈善组织协会通过成立第一家慈善工作暑期坊来培养专业人员处理社会问题。该暑期工作坊一直运行到它被更名为纽约慈善学院，并与哥伦比亚大学一同提供全职的硕士课程。之后在 1917 年，这个学院又更名为纽约社会工作学院，一些非营利组织管理的教育项目被设计出来，如健康管理、牧师和艺术管理等。20 世纪 80 年代前，为非营利组织管理人员设计的短期培训项目在社会上普遍存在，例如，1971 年成立的美国人支持中心（The Support Centers of American）、筹款学院（The Fundraising School）、基金赠款中心（The Grantsmanship Center）、国家基金筹款高管协会（The National Society of Fund Raising Executives）【现在的筹款专业人员协会

---

14 莱斯特·M·萨拉蒙：《全球公民社会——非营利部门视界》，贾西津、魏玉等译，北京：社会科学文献出版社，2007 年，229-230 页。

（The Association of Fundraising Professionals）】等协会和机构都面向非营利部门的工作人员开设了有针对性的短期社会培训项目。[15]

　　高校中早期开设的综合管理教育项目为非营利管理教育的开设奠定了基础。最早记载的由美国高校提供的综合管理教育项目是 1881 年宾夕法尼亚大学沃顿商学院开设的工商管理专业教育项目。19 世纪末哥伦比亚大学、芝加哥大学和加州伯克利分校也相继提供围绕商业和金融的综合管理教育项目，当时高校在以学术研究为主的领域中开设以赚钱为目的的教育项目还引起了不小的争论。而随着美国经济的急速增长，此类商业管理教育迅速增加以帮助管理者掌握相应的知识和技能，充分发挥他们的商业天赋来管理更大更复杂的组织。大型基金会和非营利组织也纳入到这些商业管理者的工作领域，因此非营利管理教育应势而生，这些教育机构的教育项目为未来美国大学开设非营利管理教育项目及相关课程设置奠定了基础。[16]

　　1975 年，费勒委员会（Filer Commission）在根据志愿者和非营利组织对美国社会产生的价值和影响进行深入研究后，提出非营利部门是美国经济社会第三部门的说法得到了社会各界的广泛认可。在费勒小组之后，学者们开始对非营利组织的管理产生兴趣。1977 年，哥伦比亚大学创设非营利组织管理研究所，提供第一个非营利组织管理证书项目。1978 年，耶鲁大学启动了非营利组织项目（Program on Nonprofit Organizations），旨在发展对非营利组织和他们在经济与政治生活当中角色理解的跨学科研究，这是美国第一家关于此领域的学术中心。1981 年密苏里大学堪萨斯城分校管理学院中开设了第一个非营利管理专业。[17]米拉贝拉认为 1996 到 2006 的十年间是美国非营利管理高等教育项目迅速发展的时间，美国大学不断推出专业主修项目、专业辅修项目、和证书项目等各种实施模式的非营利管理项目。[18]

（二）基金会对美国大学非营利管理教育发展的大力资助

　　美国大学非营利管理教育的快速发展除了高校专业自身发展的需要外，

15 Michael O'Neill, "Nonprofit Nation: A New Look at the Third America", San Francisco, Jossey-Bass, 2002.

16 Michael O'Neill, "Developmental contexts of nonprofit management education", Nonprofit Management and Leadership, 2005 (1), p.10.

17 Michael O'Neill & Fletcher, K, "*Nonprofit Management Education: U.S. and World Perspectives*", New York, Praeger, 1998, p.14.

18 Michael O'Neill, "Nonprofit Nation: A New Look at the Third America", San Francisco, Jossey-Bass, 2002.

一批学者型企业家对高校非营利管理教育的关注与资助也起到了重要的推动作用。[19]

例如，1998 年的凯洛格基金会开始实施持续五年的"桥梁建设项目"，凯洛格基金会与其他数十个家族组织在此项目上共捐助 1500 万美元用于延长高校学生和非营利组织从业者接受教育的时间，以促进该新兴领域更专业化的发展。同时，凯洛格基金会还为美国非营利组织领导力联盟投资 250 多万美元，用以提高联盟附属大学本科非营利管理教育项目的数量、质量和覆盖面。在凯洛格基金会为高校非营利管理教育提供的全方位战略支持下，全美很多大学开始开发非营利管理教育课程模块以获得课程开发和学生培养的启动资金。

阿尔福莱德·P·斯隆（Alfred P. Sloan）基金会于 1986 年 11 月资助了第一个美国关于非营利组织管理和慈善研究的会议，该会议由旧金山大学非营利管理协会举办。第一本关于非营利管理教育的书在此次会议中诞生。1996 年 3 月在加州伯克利大学举办的第二次会议和 2006 年 3 月在亚利桑那州立大学举行的第三次会议都是由凯洛格基金会资助的。基金会除了对高校非营利管理教育学术会议提供支持外，还直接投资支持高校教育项目的运作，如礼来基金会对印地安纳大学建立慈善中心的支持（现在的礼来家族慈善学院）。其他参与支持非营利部门和慈善研究的基金会还包括福特基金会（The Ford Foundation）、查尔斯·斯图尔特·莫特基金会（Charles Steward Mott Foundation）、威廉和弗洛拉·休利特基金会（William and Flora Hewlett Foundation）、大卫和露西尔·派克德基金会（David and Lucile Packard Foundation）和赫斯特基金会（Hearst foundation）等。

借助基金会的资助，高校非营利管理教育与学术研究机构开始组建并逐步开设了多种模式的非营利管理教育项目。

（三）专业研究协会和学刊对高校非营利管理教育的引领

全国公共事务和管理学院协会（the National Association of Schools of Public Affairs and Administration，NASPAA）对非营利管理教育在高等教育中获得认可和拓展起到重要影响，该协会鼓励全美高校中的公共事务和管理学院研究并开设非营利管理项目，还通过赞助研讨会、组建委员会、以及其他

---

19 Smith, J. P., "Nonprofit management education in the united states", Vital Speeches of the Day, 2000 (6), p.182.

创新的方式进行支持，同时 NASPAA 为非营利管理和领导力研究生教育项目制定了课程指导大纲。

非营利学术中心委员会（the Nonprofit Academic Centers Council，NACC）成立于 1991 年，是一个由全美学院及大学中的学术中心构成的会员协会。这些大学及学院的研究中心主要关注非营利组织、志愿主义和慈善研究，[20]2001年 NACC 开始为非营利管理教育创建课程纲要，并于 2003 年出版了非营利管理教育研究生项目课程大纲，并指导高校进行实施，2006 年 NACC 又发布了非营利管理教育项目本科生教学课程大纲，对美国高校整体非营利管理教育项目进行了学术上的规范。

创建于 1948 年的"美国人文学组织"（American Humanics, AH）于 2006年更名为非营利领导力联盟（Nonprofit Leadership Alliance，NLA），是全美最大的培养非营利管理专业人才的协会，该联盟曾囊括全美 70%以上开设本科非营利管理教育的大学，并对这些教育项目的课程设置设有统一的指导大纲。

非营利组织和志愿部门研究协会（ARNOVA）致力于加强非营利管理研究，其主要活动包括举办年度学术会议、出版读物、组织网上讨论和开展特别兴趣小组等。该机构的出版物《非营利和志愿部门季刊》（Nonprofit and Voluntary Sector Quarterly）是这个领域之中学术刊物的领导者。全美乃至世界的非营利教育研究学者都在这个平台上进行着深度和及时的交流，推动了美国高等教育非营利管理教育项目的深入开展。

其他专注于该领域的重要期刊包括《志愿者》（Voluntas）、《非营利管理和领导力》（Nonprofit Management and Leadership）、《非营利政策论坛》（Nonprofit Policy Forum）、《美国捐赠》（Giving USA）、《慈善纪实》（The Chronicle of Philanthropy）、《非营利时代》（The Nonprofit Times）、《慈善事业圆桌会议》（The Philanthropy Roundtable）、《慈善实务》（Philanthropy Matters）、《慈善新闻摘要》（Philanthropy News Digest）、《斯坦福社会创新评论》（Stanford Social Innovation Review）等。这些致力于非营利部门研究的学术期刊和杂志，为高校非营利管理教育和研究带来了多方位、源源不断的资源。

---

20 Michael O'Neill & Fletcher, K, "*Nonprofit Management Education: U.S. and World Perspectives*", New York, Praeger, 1998, p.21.

二、美国大学非营利管理教育的发展状况

早先的一些研究认为非营利组织的管理教育和营利性组织的管理教育不应有显著不同，他们认为管理就是管理，一种通用的管理模式已经足够，不需要考虑被管理组织的目的和作用。然而深入研究表明，营利性组织在追求利润最大化宗旨的指导下所无法提供的满足公众需要的多种类、高质量的货品与服务，恰恰能由以公共利益不断提升为使命的非营利组织来供应。学者们一致认为非营利组织的特殊使命、特殊税法地位与限制需要通过特定的教育项目和课程对专业人才进行培养。[21]

（一）美国大学非营利管理教育总体发展趋势

赛顿霍尔大学（Seton Hall University）的教授米拉贝拉是非营利管理教育领域非常著名的学者，她创建了全美大学非营利管理教育数据库，并常年进行跟踪研究。她在文章中分析了 1996 年到 2006 年美国大学非营利管理教育发展最迅速的十年间的各项相关数据。截至 2006 年底，在美国总共有 240 所大学和学院提供了 426 个非营利管理教育项目，比 1996 年增长了 50%。[22]教育项目层次和类型包括非营利组织管理本科教育、研究生教育、无学分教育、继续教育和在线教育。随着时间的发展，从 2006 年到 2014 年的八年间开设非营利管理教育机构的数量又增加了 110 个，同时各层次和类型的项目数增加 230 多个，如表 1-1 所示。

表 1-1　1996-2014 年美国非营利管理教育项目的增长与变化

	1996	2002	2006	2014	增长率 1996-2014
提供非营利组织管理本科教育项目的大学	66	86	117	154	133%
提供非营利组织管理研究生教育项目的大学	128	155	161	252	97%
提供无学分的非营利管理教育项目的大学	51	72	75	93	82%

21 Smith, J. P., "Nonprofit management education in the united states", Vital Speeches of the Day, 2000 (6), p.182.

22 Mirabella, R. M, "University-based educational programs in nonprofit management and philanthropic studies: A ten year review and projections of future trends", Nonprofit and Voluntary Sector Quarterly, 2007 (4), p14.

提供非营利组织管理继续教育项目的大学	39	57	56	79	102%
提供非营利组织管理在线教育项目的大学	____a	10	17	79	690%b
机构数量	179	253	238	348	67%
项目数量	284	380	426	657	131%

a. 数据不可用

b. 2002-2014 年增长率

资料来源：Mirabella, R. M, "University-based educational programs in nonprofit management and philanthropic studies: A ten year review and projections of future trends", Nonprofit and Voluntary Sector Quarterly, 2007 (4), p.13.

图 1-1　美国大学不同层次类型非营利管理教育
项目增长趋势图（1996-2014）

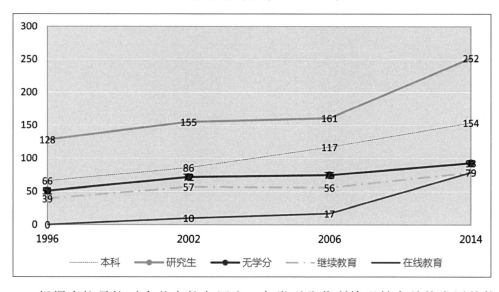

根据米拉贝拉对全美高校各层次、各类型非营利管理教育总体发展趋势的呈现可见本论文重点研究的美国本科层次的非营利管理教育项目在 1996 年时只有 66 个，而 2014 年则达到了 154 个，增长率达到了 133%，增势明显。

（二）美国大学非营利管理教育项目所属机构

至 2014 年底全美共有 154 个学院开设非营利管理教育项目，其中文理学院开设的项目最多，共计 44 个（29%），虽然这相较于 1996 年 35% 的占比而言有所下滑，但它仍然是开设本科非营利管理项目机构中占比最高的。商学院从 1996 年到 2006 年间数字一直保持稳定，但在 2006 年到 2014 这八年间增速迅猛达到 2006 年时的 5 倍。商学与公共管理学院和公共事务与管理学院开设的项目数也都有很大提升。随着非营利组织教育的快速发展，开设此项目的其他学院数量快速增加，占了 2014 所有开设学院数字的 40%（如表 1-2 所示），这些学院包括：健康与人类服务学院、社会科学学院、健康与社会科学学院、领导力与教育科学学院、农业与生活科学学院、健康、体育和休闲服务学院、商业和非营利组织管理学院、教育和人类服务学院、看护、健康和人类服务学院、领导力研究学院、教育学院等。

表 1-2　本科非营利组织管理项目所在的机构

开设机构	1996	2002	2006	2014
文理学院	9	13	23	44
商学院	6	5	6	30
商学与公共管理学院	0	2	1	7
公共事务与管理学院	3	4	10	12
其它学院	8	20	21	61
总数	26	44	61	154

数据来源：Nonprofit Management Education Current Offerings in University-Based Programs, http://academic.shu.edu/npo/, 2015-01-06.

（三）美国大学非营利管理教育项目的地区分布

1996 年到 2014 年间美国大学非营利管理教育项目的地区分布变化很大。在 20 世纪 90 年代，有近 46% 的项目分布在中西部地区，东北部分布的数量只有中西部的一半（23%）。2006 年时尽管中西部（34%）仍然占据着项目的最大比例，但是其总占比明显下降，而分布在南部（30%）和西部（26%）的项目却翻了 4 倍。东北部本科项目则保持相对稳定，但只占近 10% 的比例。到了 2014 年底，南部成为开设项目最多的地区，综合来看全美各地区开设的非营利管理教育情况成均衡增长的发展态势。（如表 1-3 所示）

随着非营利管理教育在全美大学中迅速的创设与拓展，专业化的课程设置成为了各个培养机构关注的重点和着力研究之处。

表 1-3　非营利组织管理本科项目的地理区域分布

	1996（%）	2006（%）	2014（%）
东北部	23	10	22
中西部	46	34	26
南部	18	30	30
西部	13	26	22

注：东北部包括：康涅狄格州、哥伦比亚特区、马里兰州、马萨诸塞州、新罕布什
　　　　 尔州、新泽西、纽约、宾夕法尼亚、罗得岛和佛蒙特州
　　中西部包括：伊利诺斯州、印第安纳州、爱荷华州、密西根州、明尼苏达州、
　　　　 密苏里州、内布拉斯加、俄亥俄州和南达科塔州
　　南部包括：阿拉巴马州、阿肯色州、佛罗里达州、佐治亚州、路易斯安那州、
　　　　 北卡罗来纳州、南卡罗来纳、田纳西、弗吉尼亚州和西弗吉尼亚州
　　西部包括：亚利桑那州、加利福尼亚州、科罗拉多州、俄勒冈州、德克萨斯州
　　　　 和华盛顿
数据来源：Nonprofit Management Education Current Offerings in University-Based
　　　　 Programs, http://academic.shu.edu/npo/, 2015-01-06.

第三节　专业协会对美国大学非营利管理课程设置的引领

随着非营利管理教育受关注程度的增加，各大学都开始设置相关课程，并着手创设、完善非营利管理教育的课程体系。非营利学术中心委员会和非营利领导力联盟制定的非营利管理本科生教育课程指导纲领，对全美大学非营利管理教育课程设置的发展起到了巨大的引领作用。

一、非营利学术中心委员会制定的课程指导纲领

1991 年成立的非营利学术中心委员会是一个由美国学院及大学中的学术中心或教育项目构成的会员协会。这些大学及学院的研究中心主要关注非营利组织、志愿主义和慈善研究。[23] 非营利学术中心委员会共有 41 个作为会员的非营利教育研究中心，这些学术中心共提供 405 门非营利管理教育课程。[24]

---

23 Michael O'Neill & Fletcher, K, "*Nonprofit Management Education: U.S. and World Perspectives*", New York, Praeger, 1998, p.13.

24 Heather L. Carpenter, "A Look at Experiential Education in Nonprofit-Focused Graduate Degree Program", Journal of Nonprofit Education and Leadership, 2014 (4), p.118.

非营利学术中心委员会为更好地指导会员进行非营利管理课程设置，于 2006 年发布了非营利管理教育项目本科生课程纲领[25]。

（一）非营利学术中心委员会课程设置的前置因素

由于本科生需掌握知识的深度与研究生不同，并且绝大多数本科生没有工作经验，所以在课程设置中需要有针对性地增加实地经验课程的比例。设置非营利组织与社区参与课程，将社区参与贯穿整个课程教学过程，帮助学生通过实地参与增加对非营利组织的理解。因为本科生缺乏职业经验，服务性学习课程的设置不仅可以帮助学生构建起非营利部门的基础知识，而且能培养他们运用所学技能参与实际问题解决的能力，将学生的实地经验与对非营利部门的理解结合起来。案例研究课程可以培养本科生的问题意识，提高其运用理论知识解决实际问题的能力。实习课程的设置不仅可以帮助学生建立专业知识与专业技能之间的联系，例如学生可以将课堂上学到的知识灵活运用来解决非营利组织公信度、影响力和问责制等问题，同时实习课程也可以为学生未来的就业求职提供机遇。以上这些实地经验课程就是非营利学术中，以委员会针对本科生知识储备不足及工作经验缺乏这些前置因素设置的。

（二）非营利学术中心委员会设置的通识教育课程领域

为了实现非营利学术中心委员会（以下简称：委员会）推动非营利组织、志愿主义和慈善研究的目标，委员会强调各会员机构在设置非营利管理通识课程的时候应保证学生对慈善和非营利部门的充分理解，尤其是在专业主修和专业辅修教育项目的通识课程设置中应保证涵盖这些领域的知识。

委员会对通识课程设置的指导并非具细到每门课程的名称以及课程开设的顺序，但却涵盖了一名非营利管理教育项目毕业的本科生所应具备的基本知识以及作为一名合格公民所应有的社会意识。委员会设定了六大通识课程设置需涵盖的知识领域及相关的主要内容：

第一，公民社会、志愿行为和慈善的比较视角领域。该领域的课程设置需包括的内容有：介绍正式及非正式的、个人及集体的，跨文化跨语境的公民社会和慈善的结构；个人慈善、志愿行为以及志愿主义如何在不同文化语境下进行表达；志愿行为和非营利组织在社会行动和社会变化中扮演的角

---

25 NACC, "currirular guidelines", http://nonprofit-academic-centers-council.org/documents/ UnderGradCG07.pdf, 2015-03-12.

色；以及不同宗教传统在塑造公民社会及慈善中扮演的角色。

第二，公民社会、志愿行为和慈善的基础领域。该领域的课程设置包括的内容有：跨时空的公民社会、志愿行动组织（非营利、非政府及志愿的）的历史、角色和功能；慈善和协会世界性发展的范围、影响和趋势；慈善行动和行动领域的多样性；政府、非营利部门、营利部门以及家庭部门间的关系以及动态变化；非营利／志愿领域的不同理论解释，如经济学的、政治学的、社会学的以及人类学的。

第三，道德标准和价值观领域。该领域课程设置包括的内容有：慈善及志愿行动中呈现的价值观，例如，信任、管理、服务、志愿、结社自由以及社会公平的分析与理解；作为一个学科和伦理抉择标准的伦理学的建立及其理论阐释；不同的多样化思维中出现的问题以及在非营利组织中它们的启发作用；适用于慈善及非营利部门职业性及志愿性工作的行为准则。

第四，公共政策、法律、主张以及社会变化领域。该领域课程设置需包括的内容有：美国过去的、当下的公共政策对非营利部门、机构和慈善行为的直接和潜在影响；介绍非营利组织运行及被限定的法定结构；包括慈善捐赠、倡导、游说和任何免税非营利组织的商业活动在内的各种非营利活动的法律及税务介绍；非营利组织在影响社会变化以及公共政策进程中的角色；个人和非营利组织是如何利用诸如公共教育、政策研究、社区组织、游说和诉讼等措施塑造公共政策的。

第五，非营利领导者领域。该领域课程设置需包括的内容有：非营利组织的董事会及主管的领导力在组织内部、社区和整个社会层面所发挥的作用；非营利组织管理委员会的历史、角色和功能，以及其作用和功能与公共营利部门的比较；非营利组织董事会和非营利组织主管在作为社会改变和社会正义代理人方面发挥的作用。

第六，社区服务和公民参与领域。该领域课程设置需包括的内容有：社区服务和公民参与在公民社会发展中的价值；通过实习、服务学习、社区服务及经验学习课程与非营利组织进行直接接触。

（三）非营利学术中心委员会设置的专业教育课程领域

通识教育的课程设置中涵盖了作为一个非营利管理教育项目的毕业生需明确掌握的核心知识，委员会专业教育课程设置的内容是建立在通识教育课程内容之上的，覆盖在非营利部门工作所需的特殊知识和技能，涉及七个专业领域的知识：

第一，领导和管理非营利领域。课程设置的内容包括：建立一个非营利组织的相关步骤和过程；工作设计、问题操作、政策制定上的组织理论和组织实践；领导力理论与实践；政策管理和组织规划对鉴别、评估、形成适恰政策方法和理解上的作用；完成组织任务中网络建设、合作关系及合作活动的方法；管理者在组织和设计层面上评估表现使用的方法。

第二，非营利金融和资金募集领域。该领域课程设置的内容包括：非营利组织不同收入来源、政策选择和各项收入来源伴随的非营利金融理论和收入分类方法；慈善赠品和拨款、劳动收入和政府基金之间的关系以及其如何影响组织任务的完成；基金发展过程及通常使用的基金募集策略，如年度号召、特殊事件、非现金捐助、主要捐赠、资金活动和计划给予；现行状况和当今趋势，例如社会企业、小企业和企业家精神、以及它们对非营利绩效和任务完成的意义。

第三，金融管理领域。该领域课程设置包括的内容有：会计原则和概念的应用，包括非营利组织财务的和管理的会计系统（包括基金会计）；财务管理，包括财务计划和预算制定，现金流管理，短期和长期金融，以及捐助管理政策和实践。

第四，管理职员和志愿者领域。此领域课程设置包括的内容有：非营利组织中正式受薪员工和志愿者之间在人力资源管理上的区别和实践处理，以及非营利组织经验中的人力资源管理与公共和营利组织中人力资源管理的区别；团队合作和小组动力，以及它们对监管、员工发展和组织绩效的影响；为非营利组织工作和实施志愿行为的个人角色、价值和动力；操作同时针对员工和志愿者的人力资源监管系统；非营利部门个人和组织的多样性维度，以及它们对有效的人力资源管理的影响。

第五，非营利营销领域。该领域课程设置的内容包括：营销原则和技术，以及它们在慈善和非营利环境的应用，包括非营利环境中营销"任务"的动力和原则；非营利组织中营销理论和概念同它们在实践应用之间的关系。

第六，非营利的评定、评估和决策制定方法领域。该领域课程设置需包括：非营利组织评定和评估的方法和模型；制定评估模型的方法以及它们在非营利部门中的应用；使用定量和定性数据以改善非营利组织的有效性；在执行非营利任务过程中信息和科技的使用。

第七，非营利部门职业和事业发展领域。该领域课程设置包括：不同职业对慈善和非营利领域做出贡献的方式；专业人员的标准，如何进行演说或采取恰当的行为；如何为人们在社区中提供志愿服务的机会；职业联盟和导师在职业发展中的作用等。

（四）非营利学术中心委员会课程指导纲领的特点

1. 以实践导向的经验课程为基础

非营利学术中心委员会在制定课程指导大纲时充分考虑了本科生掌握知识的程度以及多数学生无工作经验的个人背景。提出应以实践导向的经验课程为基础，将社区经验融入课程。同时设置服务性学习课程、案例分析课程和实习课程，通过这些实践课程的学习，学生能够将所学的知识与非营利部门实地经验操作很好的结合，更好地理解非营利组织和组织运营的环境，从而为未来求职就业打好基础。

2. 通识教育课程中将人文学科知识与职业基础知识良好结合

在六大课程领域中将宗教学、历史学、伦理学等知识与非营利环境下的公民社会、志愿行为、慈善传统等知识良好的融合。将政治学、经济学和社会学等学科知识与公共政策掌控、非营利法律、非营利倡导等知识适恰结合。并强调综合运用这些知识，通过实践课程加深对社区服务、公民参与和非营利组织领导力的深刻理解。

3. 专业课程广泛覆盖非营利部门操作领域

专业课程覆盖广泛，从非营利组织的创建过程、运营模式的评估评价、筹资策略、金融管理、组织营销、特殊事件处理、社会企业与企业家精神创新，以及受薪员工和志愿者人力资源管理，到非营利组织个体成员的事业发展等等。专业课程在通识课程的基础上，广泛地涉猎了非营利组织管理所应具备的知识和能力并对其加以升华。课程内容详尽充实，为各会员组织制定相关课程起到很好的统领和指导作用。

二、非营利领导力联盟制定的课程指导纲领

非营利领导力联盟（以下简称：联盟）是全美最大的致力于培养非营利管理人才的协会组织。联盟颁发的"非营利专业注册"（The Certified Nonprofit Professional, CNP）认证书是全美唯一国家级的非营利能力认证书，它可以证明参加联盟附属大学非营利领导力发展教育项目的毕业生，拥有了

非营利管理所需的能力。据研究显示，持有该证书的学生比没有该证书的同龄人就业率高 7 个百分点以上。[26]因为联盟在美国非营利教育中的强大影响力，全美 70%以上提供非营利管理教育项目的大学曾隶属于该联盟，后因联盟撤销了入会补助基金，附属学校的数量有所下降，但联盟仍在全美非营利管理教育中保持绝对的领导地位。

自美国大学开设非营利管理教育以来，研究生教育一直是教育者和学者们关注的重点，全国公共事务和管理学院协会与非营利组织学术中心委员会都相继颁布非营利组织管理研究生教育核心内容及课程指导纲领。随着非营利组织管理本科生教育进入学界的视野，非营利组织领导力联盟的教育思想和课程指导纲领也被研究者们所关注。联盟已持续 50 多年为准备进入非营利部门工作的学生提供专业性的教育与培训，它的课程纲领由于良好衔接了人文学科与非营利专业教育因而得到了全美高校和非营利部门的广泛认可。联盟的附属大学与学院和很多非联盟成员学校都将其课程指导纲领作为本机构课程设置的重要参考标准，通过对联盟发展历史、组织性质的把握可以更好的理解它的课程指导纲领。

（一）非营利领导力联盟的发展历史与性质[27]

1. 非营利领导力联盟的发展历史

"非营利领导力联盟"（Nonprofit Leadership Alliance，NLA），前身为"美国人文学组织"（American Humanics），是由密苏里州堪萨斯城前市长罗·巴特勒（H. Roe Bartle）于 1948 年创建。巴特勒是一个有理想的社会企业家，他认为非营利组织成功最重要因素在于它劳动力的质量，尽管当时青年培养的需要空前高涨，但最缺乏的是非营利领导力的培养，因此他立即着手在学术环境中创建一个动手操作的培训基地。巴特勒的愿景是联盟一直以来的使命：致力于创建世界上最大的输送非营利组织职业储备人才的网络。非营利领导力联盟发展至今经历了四个发展阶段：

（1）联盟的初创阶段（1948-1973）

此阶段的联盟致力于发起和推动本科教育项目。密苏里谷学院（Missouri Valley College）是其第一个附属学校，在此阶段共扩展到四所附属大学。联盟将非营利部门需要的能力与大学校园教学尝试性的融合，将联盟的课程教学

---

26 The CNP Credential, http://nonprofitleadershipalliance.org/credential/, 2015-03-26.

27 Nonprofit Leadership Alliance, http://nonprofitleadershipalliance.org/, 2015-02-03.

思想在附属学校中实施，并通过联盟的就业网络指导毕业生就业。此时期大部分联盟附属学校的毕业生就职于美国童子军（Boy Scouts or Girl Scouts）或其他青少年服务组织。

（2）引入国家非营利组织伙伴阶段（1947-1993）

在此期间联盟引入了在国家范围内有影响力的非营利组织作为合作伙伴，这些合作组织包括：美国红十字会、美国第二次丰收组织（America's Second Harvest）、美国大哥哥大姐姐联合会（Big Brothers Big Sisters of America）、美国男童军、美国女童军、美国男孩／女孩俱乐部（Boys & Girls Clubs of America）、男孩／女孩营火会（Camp Fire Boys and Girls）、美国天主教慈善会（Catholic Charities USA）、女孩公司（Girls Incorporated）、国际仁人家园（Habitat for Humanity International）、青年成就公司（Junior Achievement Inc.）、全国城市联盟（National Urban League）、特奥会公司（Special Olympics Inc.）、美国联合劝募会、美国志愿者（Volunteers of America）、美国基督教青年会（YMCA of the USA）、美国基督教女青年会（YWCA of the USA）。同时联盟的附属大学也从 4 所增加到了 12 所。众多知名的非营利组织的加入为联盟附属学校学生提供了大量的就业机会，联盟也将高校中教育项目的名称从"青少年服务机构管理"更改为"非营利组织管理"。并将组织的发展目标定为："全国非营利人才首选的青少年和人类服务基地"。

（3）联盟的扩张发展阶段（1994-2002）

在凯洛格基金会和其他大型基金会的资助下，此阶段联盟的附属学校由 12 所扩充至了 100 所。在基金会的支持下，联盟附属大学课程开发和组织学生实习的热情高涨，联盟的课程纲领得到附属大学进一步的贯彻。

（4）联盟的完善发展阶段（2003-2013）

此阶段凯洛格基金会继续捐赠 500 万美元用于支持联盟附属大学学生在非营利组织中实习。2003 年美国人文学组织更名为非营利领导力联盟，并开始提供"非营利专业注册"认证书，该证书是全国唯一的国家资格认证书。包括从非营利部门实践经历和国家视角认定的关键知识与技能。联盟的附属学校和非营利组织组成了全美最大的为社会部门提供劳动力的网络。

2. 非营利领导力联盟的性质

非营利领导力联盟是一个由其附属学院和大学、全国和地方知名的非营利组织及专业合作组织组成的战略联盟。联盟的三个实体虽然不同但却互为补充。首先是全国非营利伙伴（National Nonprofit Partners），它们由分布在全国各地不同的十二个组织组成[28]。如美国童子军、仁人家园、基督教青年会等，这些伙伴组织与当地的高校教育项目相联合并寻找和雇佣联盟附属机构培养出的毕业生。其次，专业合作组织（collaborating professional organizations；CPOs），例如：美国志愿队（Ameri Corps）、大学基金会、学习机构、非营利组织学会等。它们制定标准、提供培训或其他能提升非营利组织和个人能力的服务，并提供教育材料来支持联盟的教育项目，同时为专业毕业生提供就业出路。构成联盟第三部分的是全美拥有相同培养目标的众多私立或公立高等教育机构，他们共有的培养目标主要包括：培养非营利管理专业化人才、培养学生具有非营利领导力和服务能力、非营利管理能力与资质（书写和口语交流技能的证明、志愿者管理、筹资原则、对文化差异和敏感性的理解）、以及多元包容性。这三个实体部分联合起来肩负着非营利领导力联盟所有使命和目标，共同寻求持续有效的非营利本科教育发展路径。

（二）非营利领导力联盟教育项目的培养目标

非营利领导力联盟的前身是美国人文学组织，"人文学"被解释为"对整个人的身体、心理和精神进行教育，以服务整个人类"。因此非营利领导力联盟将此教育哲学渗透入自己的培养目标之中，强调"对人进行精神、心理和身体的全面教育，为跨国家、跨文化、跨种族的全人类服务。"[29]同时根据联盟"为社会部门输送有才华、有专业准备的人才"的宗旨，非营利领导力联盟将培养目标定为：为学生服务非营利组织打下基础、对学生进行非营利管理专业能力和学生个人全面发展能力的培养。

（三）非营利领导力联盟课程设置的理论基础

非营利领导力联盟将培养模式定为能力本位模式。使学生通过课程的学习掌握非营利组织管理的专业能力及个人全面发展的基本能力，其能力本位课程设置的理论基础是奇克林（Chickering）的"七向量"学生发展理论。该理论是在美国新精神分析派代表人物埃里克森（E. H. Erikson）的人格发展阶

---

28 Nonprofit Leadership Alliance, http://nonprofitleadershipalliance.org/credential/nonprofit-partners/, 2015-02-03.

29 Ashcraft, Robert F, "Where Nonprofit Management Meets the Undergraduate Experience: American Humanics After 50 Years", Public Performance and Management Review, 2001 (1), p.50.

段理论基础上提出的。埃里克森认为遗传决定人一生自我意识的形成和发展顺序，社会环境决定自我意识阶段过渡的顺利与否。该理论描述个体在与他人交往和与群体互动中是如何认识与了解自己的，而这种对自我的认识与了解是基于不同情境下对自我多方面人格（如种族、民族、性别、性取向、宗教、语言、残障、社会阶层等）的识别和体验实现的。埃里克森将人格发展分成各有侧重且相互连接的八个发展阶段，每个阶段个体都将面临特定的心理危机，恰当地解决对应发展阶段的心理危机对此阶段人格健康发展有积极影响。同样，任何心理危机处理不当产生的消极结果都会危害到个体未来的人格发展。[30]

　　奇克林在埃里克森的研究基础之上主要针对大学中的学院或专业对学生发展的影响提出了学生人格发展的七个"向量"，主要包括：1. 能力发展——智力、身体和动手能力、人际交往能力；2. 情绪管理——学生发展识别愤怒、恐惧、焦虑等情感的能力，以及表达和控制情感的能力；3. 从自我独立性的养成到与他人相互依存——对自己选择的目标负责并独立自主，并逐渐接受人与人相互依赖的重要性；4. 成熟人际关系——对差异性和亲密程度抱有宽容和欣赏的态度；5. 建立身份认同——身体和外表舒适、性别与性取向统一、对一种社会与文化的继承感、清晰的自我接受并对个人的角色和生活方式感到舒适、对获得他人反馈感到安全、自我接受与尊重，以及个人稳定性；6. 发展性目的——制定清晰的职业规划或愿望的目标、对个人兴趣和活动做出有意义的承诺，及建立强烈人际关系和对家庭的承诺；7. 整合发展——在身份认同与发展目标建立的基础上，将人类价值、个人价值观以及个性化发展统一起来，尊重他人信仰的同时坚定自己的个人核心价值观和信仰。[31]

　　学生在整个学校教育过程中的发展是艰难复杂的，他们有可能在某一领域内进步同时在其他领域里退步。本科层次的非营利管理项目的培养目标与学生发展理论有很大相关性，因为他们对课程都有特殊的需求。非营利管理课程需要帮助学生在把握高水平移情能力的同时理解不断变化的系统、过程、利益相关者等多目标受众并能认识问题的复杂性。[32]尤其是奇克林"七

30 曾少英：《美国学生事务管理专业化形成过程及其启示》，硕士学位论文，汕头大学硕士论文，2008 年。

31 Chickering, A. W. & Reisser, L., "Education and identity", (2nd. ed.), San Francisco, Jossey Bass, 1993.

32 Conley, T. M., "Nonprofit marketing education in the United States, a discussion of

向量"中的第 6 个发展性目的向量和第 7 个整合发展向量所论述的内容与非营利管理课程设置的特殊性相吻合，通过清晰的职业规划和个人身份目标与价值观整合课程的学习，可以帮助大学生在毕业前做好充分准备，以应对未来工作生活可能面对的挑战和机遇。[33]这非常符合联盟为非营利组织输送优质管理人才的宗旨。

（四）非营利领导力联盟课程设置的主要内容

非营利领导力联盟根据联盟的培养目标，对课程设置需涉猎的领域与课程内容的要求进行了详细的说明。2012 年以前联盟将非营利管理人才需具备的能力分为专业能力和基础能力，指导附属学校提供跨学科课程设置，如表1-4 所示：[34]

表 1-4　非营利领导力联盟设定的能力领域与相关课程内设置要求

非营利领导力联盟的专业能力与课程设置要求	
董事会／委员会发展	理解董事会的作用和目标
社区拓展／市场营销和公共关系	理解社区拓展和市场营销策略的作用
多元化意识	理解多元文化中的专业实践和互动技巧
伦理学和价值观	理解个人和组织的道德标准
筹款原则和实操	理解筹款的各种技巧，包括：捐赠、主要和计划赠予、年度捐赠、特殊事件
历史和哲学基础	理解非营利组织在社会中的特殊地位
信息管理和技术	理解计算机技术的基础知识以及如何服务于现代非营利组织
非营利组织会计和财务管理	理解基础的非营利组织会计事务、预算计划、基本的财务流程
非营利组织管理	理解目标方向的重要性、公共政策流程、战略计划、人力资源程序
项目策划、实施和评估	评估特定人群需求的能力，以及提高项目质量和包容性的能力

---

background, curricular patterns, and fresh thinking", Marketing Educators' Association Conference, San Diego, 2001.

33 Ashcraft, Robert F, "Where Nonprofit Management Meets the Undergraduate Experience: American Humanics After 50 Years", Public Performance and Management Review, 2001 (1), p.51.

34 *Ibid.*, p.42-56.

风险管理和法律问题	风险管理的运作知识、危机管理、基本的法律问题
志愿者管理	理解美国的志愿精神以及管理志愿者服务的能力
青少年和成年人发展	为青少年和成年人开发独特的活动和项目
非营利领导力联盟的基本能力与课程设置要求	
职业发展和探索	**对非营利组织使命的个人承诺**
交流技巧	使用有效的语言和非语言交流技巧
就业技能	有制作一份好的简历的能力和参加面试的技巧
个人品质	能够展示一个积极的态度、积极主动性、有道德和负责任的性格，以及时间管理技能
资料来源：Nonprofit Leadership Alliance, http://www.nonprofitleadershipalliance.org/ cnp/competencies.html#sthash.ib8yyJ0l.dpbs, 2015-01-11.	

　　2012 年 1 月在科恩科研基金（Cohen Research Grant）的资助下，五所附属大学的执行董事与非营利领导力联盟的两位研究者在滑岩大学（Slippery Rock University）就联盟的能力标准进行了集中讨论，并在联盟领导力管理学术研讨会上面向三部分合作主体报告了初步的课程修订标准，最终于 2012 年 7 月 1 日正式颁布了最新的联盟课程指导纲领。如表 1-5 所示：

表 1-5　2012 年版非营利领导力联盟设定的能力领域与相关课程设置要求

非营利管理能力领域	课程设置要求
交流、市场营销与公共关系	关注非营利组织为了解、通知、影响它们多样化的支持者所使用的知识、态度和行为。
文化能力和多样性	关注多元文化背景下专业实践的文化能力准备开发。
财务资源的开发与管理	关注非营利组织中财务资源的获取、预算，财务管理、控制以及透明度。
非营利组织部门的创建与管理	关注非营利组织部门的历史、贡献、特性，以及对它的管理。
治理、领导和宣传	关注管理和宣传的作用，董事会的责任和领导力，在非营利组织负责的政策、程序中工作人员和志愿者的发展。
法律与伦理决策	关注规范非营利组织部门操作的基本法律法规和专业标准，包括风险和危机管理的基本知识、伦理和决策。
个人与职业发展	从研究职业生涯的机会，申请和面试到持续的专业发展来聚焦非营利组织部门就业的性质。
项目开发	关注所有非营利组织（青年服务、艺术、环境、健康、娱乐、社会服务、宣传等）的项目设计、实施和评估策略。

志愿者和人力资源管理	关注志愿者和领薪人员管理的知识、技能和技术
非营利部门的未来	关注非营利部门充满活力不断变化的本质，持续发展的重要性，新兴趋势和革新，形成最佳实践中的关键角色研究。

资料来源：Alliance Competencies, http://nonprofitleadershipalliance.org/competencies/, 2015-03-26.

（五）非营利领导力联盟课程指导纲领的特点

非营利领导力联盟作为全美最大且有 50 多年非营利管理人才教育培训历史的协会，在非营利管理本科教育课程设置上也颇具特色：

1. 将人文学精神与专业能力共融在项目培养目标之中

联盟教育强调培养人精神、心理、身体协调发展，要将跨国家、跨文化、跨种族的全人类服务理念融入到项目的培养目标之中。人文学精神本身与非营利组织的使命相契合，在理念和愿景相同的条件下，与非营利管理所需能力相结合保证了人才培养的高质量。

2. 以"七向量"发展理论作为理论基础保证课程设置符合学生人格的健康发展

奇克林的"七向量"学生发展理论强调大学生在整个学校学习生活中，心理发展的复杂性，提醒教育者在课程设置和教育教学中应关注学生的发展，及时给予扶助。同时非营利管理课程设置的专业特殊性恰好与学生发展的不同向量相对应（将在第四章中做重点论述）。在保证学生身心健康发展的条件下，帮助学生掌握非营利部门所需要的能力。从而实现联盟的培养目标。

3. 能力本位作为课程设置的基础

联盟以非营利部门需要为本，将非营利管理所需的能力作为项目课程设置的覆盖领域，根据时代发展的需要将原来的 17 项能力统和为现在的 10 个领域的能力：能力课程设置涉及非营利交流、市场营销与公共关系、文化能力和多样性、财务资源的开发与管理、非营利部门的创建与管理、非营利治理、领导和宣传、非营利法律与伦理决策、非营利个人与职业发展、非营利项目开发、非营利志愿者和人力资源管理、非营利部门未来发展等。并分别规定实现能力培养的课程内容，为附属学校课程设置提供了详细的纲领参考。

第二章　美国大学非营利管理教育项目的课程设置

在 1996 年第二届美国非营利组织管理和慈善研究伯克利会议上，美国大学非营利管理教育专家多尔希教授将美国大学非营利管理教育分为三种主要实施模式：证书项目模式、专业主修模式和专业辅修模式，并经过验证挑选出了具有对应模式特征的大学：路易斯安那州立大学什里夫波特分校、亚利桑那州立大学和林登伍德大学，且分别对其进行了研究分析。2006 年第三届美国非营利组织管理和慈善研究亚利桑那大会上，多尔希和米拉贝拉等教授对十年前这三种项目实施模式的学校进行了回访和研究数据更新。[1]多年来持续开展相关研究的多尔希教授在访谈中表示，以往研究中选取的此三所大学在美国大学非营利管理教育项目实施模式和课程设置上时至今日仍具有代表性。因此在本章中，论者将对证书项目模式、专业主修模式、专业辅修模式代表学校的相关课程设置进行呈现与分析，以说明美国大学非营利管理教育项目课程设置的特点。

第一节　路易斯安那州立大学什里夫波特分校非营利组织管理证书项目课程设置

证书项目模式是指开设教育项目的机构给修满规定课程学分，达到培养

1　Norman A. Dolch, Marvin Ernst, John E. McClusky, Roseanne M. Mirabella & Jeffery Sadow, "The Nature of Undergraduate Nonprofit Education: Models of Curriculum Delivery", Nonprofit and Voluntary Sector Quarterly, 2007 (9), p.32.

标准的学生，颁发知识或能力认证书的教育实施模式。在该教育项目实施模式中，路易斯安那州立大学什里夫波特分校的非营利管理教育证书项目的课程设置最具代表性。

路易斯安那州立大学什里夫波特分校开设证书项目的单位是非营利组织管理和研究院（The Institute for Nonprofit Administration and Research）。非营利组织管理和研究院成立于 2001 年，通过提供非营利教育项目、专业发展研讨会、为非营利组织提供质量研究和数据分析等方式，研究和传播与非营利与社会研究相关的知识。该研究院提供两种证书项目，即有学分的"非营利领导力证书项目"（Nonprofit Leadership Certificate Program）和无学分的"非营利管理证书项目"（Certificate in Nonprofit Administration）。[2]

一、非营利领导力学术证书项目的课程设置

（一）培养目标

非营利领导力学术证书项目归属于非营利领导力联盟。秉承联盟为引领非营利组织发展，培育合格专业人才的宗旨，该项目将培养目标定为培养拥有非营利组织所需知识和能力的初级入门人才，并通过项目学习帮助大学生掌握非营利机构所需的领导技能。[3]

（二）项目要求

非营利领导力学术证书项目要求学生必须修满五门必修课，其中包括300小时的实习课程，选修与非营利部门管理相关的研讨会，最少参加一次由非营利领导力联盟管理与领导力学会（Alliance Management / Leadership Institute，AMI）举办的活动，完成学士学位要求。满足以上所有要求的学生，将会获得非营利领导力联盟颁发的非营利组织专业注册认证书。

（三）课程设置

非营利领导力学术证书项目的课程包含五门必修课：非营利组织介绍、社会组织、非营利组织实习课程、非营利研讨会和实地研究，每门课程三学

---

2 The Institute for Nonprofit Administration and Research, http://www.lsus.edu/offices-and-services/community-outreach/institute-for-nonprofit-administration-and-research, 2015-03-27.

3 Nonprofit Leadership Certificate Program, http://www.lsus.edu/offices-and-services/community-outreach/institute-for-nonprofit-administration-and-research/academic-programs/nonprofit-leadership-certificate-program, 2015-03-27.

分。如表 2-1 所示：

表 2-1　路易斯安那州立大学什里夫波特分校非营利领导力学术证书项目的课程设置

必修课程	课程名称	课程内容	学分
必修课程	非营利组织介绍	探究人类服务和志愿组织的发展过程、存在的问题与未来发展趋势。关注美国非营利部门与政府、企业部门的目标和运营范围。（课堂所学的材料和技能必须通过服务学习课程进行加强）	3
	社会组织	研究大型组织的结构和功能，对不同类型的组织进行比较学习。	3
	非营利组织实习课程	探究非营利组织的战略策划、市场营销、法律问题、项目评估、筹资、组织发展、财务计划、风险管理、社会传媒、人力资源管理、组织间交流和与特殊挑战。	3
	非营利研讨会	模拟一个非营利组织，指导学生解决组织中的财务、个人发展、市场和风险管理等问题，为学生在非营利组织实习做准备。	3
	实地研究	学生将在社会机构中实习并有各自的指导教师，每学期将安排一次小组见面讨论会。	3

资料来源：Louisiana State University Shreveport General Catalog (2014-2015), http://www.lsus.edu/Documents/2014-15%20CATALOG.pdf, 2013-03-27.

二、非营利管理无学分证书项目的课程设置

（一）培养目标

面对美国人类服务领域的快速扩张之势，路易斯安那州立大学什里夫波特分校于 1995 年开设了非营利管理无学分证书项目，为对非营利部门感兴趣的学生介绍该领域需掌握的基础知识和基本技能，帮助其加强职业技能。[4]

（二）项目要求

想要修读非营利管理无学分证书项目的学生可以在任何时间通过路易斯安那州立大学什里夫波特分校继续教育学院网站进行注册。注册成功后需在一年内修完五门必修课和三门选修课，所有课程均为在线授课。达到项目要

---

4 Non-Credit Programs CERTIFICATE IN NONPROFIT ADMINISTRATION, http://www.lsus.edu/offices-and-services/community-outreach/institute-for-nonprofit-administration-and-research/non-credit-programs, 2015-03-27.

求的学生将获得非营利管理和研究院颁发的非营利管理修读证书。

（三）课程设置

非营利管理无学分证书项目将筹款、战略规划、捐款申请书写作导引、非营利组织法律事务、财务管理五门课程设置为必修课程。同时提供包括非营利市场营销、社交媒体和技术、董事会、领导力和伦理学、项目开发与评估、社会企业、志愿者管理、捐款申请书高级写作、非营利合作策略在内的九门选修课程，学生只需要在九门选修课程中修读三门即可达到要求。具体课程设置如表 2-2 所示：

表 2-2　路易斯安那州立大学什里夫波特分校非营利管理无学分证书　　　　项目课程设置

课程类型	课程名称	课程内容
必修课程	筹款	该模块主要着眼于美国的慈善事业及各种筹款活动，例如捐赠活动、第三方筹款组织、大型活动策划、企业捐赠、计划性捐赠。
	战略规划	该模块主要提供战略规划上的教学指导,涵盖的主题主要包括:战略规划和组织变革的自然性以及如何建立和完善组织的战略规划。
	捐款申请书写作导引	该模块为参与者介绍捐款申请书写作的基本原则，包括互联网上资金来源、撰写申请书大纲的重要性，以及关键预算方面的考虑。
	非营利法律事务	该模块主要介绍对非营利组织有很大影响的法律问题，包括对非营利组织面临的诸如政治活动、保险、税收上危机的了解。
	财务管理	该模块将介绍在有序组织中进行资金管理的操作程序。
选修课程	非营利市场营销	该模块主要从客户服务的视角聚焦市场营销，结合实际应用和成功的市场营销计划来提升推动组织在社区中的知名度和发展。
	社交媒体和技术	该模块引导学生掌握社交媒体这一最新市场营销技术，学习如何利用这一工具以帮助公众了解你的项目发起筹款，提供视频证据、在全球观众面前传播更多的信息。
	董事会	该模块简要概述了非营利组织董事会的构成及董事会执行人员的职责，并考察了专业人员与董事会成员之间的关系。
	领导力和伦理学	该模块着眼于组织领导力研究和理论在非营利组织中具体的应用，强调实用知识和技能。

项目开发与评估	该模块将说明捐款申请书写作与规划评估之间的关系，让学生们熟悉适用于非营利组织项目评估的语言及项目评估开发和实施的基础模型。
社会企业	该模块主要考察社会企业的组成部分和特点，以及它在非营利部门可持续发展的基本价值。
志愿者管理	该模块对志愿者的管理能力进行全面考察，从项目设计到志愿者的招募、监管、培训以及奖酬。
捐款申请书高级写作	该模块主要通过考察对捐赠者的理解和期望的建议标准的有效研究和写作技能，从而加强对捐款申请书写作的了解。
非营利合作策略	该模块主要探讨组织间战略关系的好处，例如能够提高捐赠额度、开发更具影响力的项目。

资料来源：Non-Credit Programs CERTIFICATE IN NONPROFIT ADMINISTRATION, http://www.lsus.edu/offices-and-services/community-outreach/institute-for-nonprofit-administration-and-research/non-credit-programs, 2015-03-27.

三、路易斯安那州立大学什里夫波特分校非营利管理证书项目课程设置特点

（一）按照客观要求和培养目标设置课程

非营利领导力学术证书项目附属于美国非营利领导力联盟，因此课程设置时需满足联盟的教育宗旨与非营利管理和研究院自身的培养目标要求。项目将培养目标定为培养非营利组织初级入门人才，以传授非营利组织所需的最基础的知识和技能为本。因此非营利领导力学术证书项目在课程中设置的"非营利组织介绍"和"社会组织"两门课程均为非营利管理基础课程，主要介绍美国非营利组织的发展历史、现状和未来趋势，以及作为第三部门的非营利组织与政府部门和企业部门之间的关系。通过了解不同社会组织的结构和功能，加深对非营利组织的了解。根据非营利领导力联盟的要求，获得非营利专业注册认证书，有不能低于 300 小时的实践要求。因此非营利领导力学术证书项目设置了"非营利组织实习课程"、"非营利研讨会"和"实地研究"三门实践必修课程，在满足联盟证书培训需达到的实践时间要求的同时，帮助大学生在实践教学中掌握和运用非营利机构所需的领导技能的项目培养目标。

非营利管理无学分证书项目的培养目标是为对非营利部门感兴趣的学生介绍进入该领域需掌握的基础知识和基本技能，并通过相关课程的设置增强学生的职业技能。因此项目将非营利筹款、非营利战略规划、捐款申请书写

作导引、非营利法律事务、非营利组织财务管理设置为必修课程。这些都是作为一名初入非营利部门工作的员工必须了解的知识领域和应掌握的基本能力。在此基础课程之上，开设非营利市场营销、社交媒体和技术、非营利组织董事会、非营利领导力和伦理学、非营利项目开发与评估、社会企业、非营利志愿者管理、捐款申请书高级写作、非营利合作策略九门选修课程，加深学生对非营利部门运营所需知识和能力的理解。

非营利管理证书项目课程针对性强，根据非营利组织运营客观所需和项目的目标定位合理设置相关类型的课程，并有针对性的组织课程内容。

（二）课程设置中实践课程突出

非营利领导力学术证书项目的课程设置中实践课程所占的比重较大，五门必修课程中一门为模拟实践课程，二门课程为非营利组织实地实践课程。"非营利研讨会"是一门模拟实践课程。在课程中，教师将模拟一个非营利组织，并在模拟的组织环境中指导学生解决组织财务、市场营销、风险管理和作为非营利组织人员自我发展等问题，为学生在实习中做好准备。"非营利组织实习课程"以非营利组织为实践课堂，让学生们接触非营利组织战略策划、市场营销、法律事务、项目评估、财务管理、风险管理、社会传媒、人力资源管理等实战操作，并直观感受非营利组织在运营中面临的多方挑战。在另一门实践课程"实地研究"中，学生们将长期在非营利组织中工作，实地参与组织的日常运营工作。课程为每名学生安排了实践指导教师，学生可以在工作实践中对非营利组织进行深入的研究，使所学的知识与实践操作真实的结合，便于知识与技能的牢固掌握。

值得一提的是"非营利组织介绍"的课程设置强调通过服务学习这种体验式的学习方式，加深学生对非营利组织的了解。

（三）充分利用互联网进行课程设置

非营利管理无学分证书项目的课程依据互联网优势进行设置，为想要了解和学习非营利管理知识和技能的学生提供了便利的条件。学生可在任何时间注册学习，只需在一年内修完所需课程即可获得证书的要求，同时也有利于扩大招生量。由于在线课程不受时间、地点的限制，非营利管理无学分证书项目可以聘请不同地区的优秀教师和非营利组织管理者进行课程的录制，以丰富课程涵盖的领域和课程的内容。不需在特定的时间坐在特定的教室上课也能大大吸引对非营利管理感兴趣但受授课特定时间限制的学生。通过在线上课，在线交流反馈等途径，教师与学生之间，学生与学生之间能更便利及时地进行交流，在帮助选修无学分证书项目的学生更好的掌握相应的知识和技能的同时，不断的拓宽他们的视野，学生们也将在利用互联网媒介进行学习期间，更直观地感受社交媒体和新技术对非营利管理的影响。路易斯安那州立大学什里夫波特分校的非营利管理无学分证书项目充分地利用互联网优化了项目的课程设置。

第二节　亚利桑那州立大学非营利领导力与管理专业主修项目课程设置

专业主修项目指的是学生在大学期间选择某一专门领域（专业）作为自己的主修，并按照要求修习若干门课程，学分修满，达到培养标准，最终授予该专业学士学位证书的教学组织形式。

美国有大约 160 万个联邦注册的非营利组织，这些非营利部门也拥有其独一无二的组织形式和功能。亚利桑那州的非营利领域同样保持着强劲的发展势头，在拥有两万 4 千个国家注册非营利组织的基础上，每年仍以几百个的速度递增。在如此强大的社会需求推动下，亚利桑那州立大学于 2006 年在公共服务和社区对策学院（College of Public Service & Community Solutions）开设了非营利领导力与管理（Nonprofit Leadership and Management，NLM）专业。

一、培养目标

非营利领导力与管理专业主修项目将通过课堂学习和校外活动课程的经历，使学生成为对其所在工作领域有积极影响作用的专业人员。学生能够从独有的角度理解与非营利部门有关的社会、政策、经济和慈善因素，并拥有非营利领导力和管理领域所需的知识、技能和能力。其中基本能力包括：交流技能、个人品质、历史与哲学基础、青年／成年发展理论；专业发展能力包括：董事会／委员会发展、筹资原则和操作、人力资源开发和监管、非营利组织会计和财务管理、非营利市场营销与风险管理。[5]具备知识与能力的毕

5　Nonprofit Leadership and Management (NLM), "Degree undergraduate program", https://lodestar.asu.edu/academic-programs/undergraduate-programs/nlm, 2015-03-27.

业生可以胜任非营利组织中人力资源、信息技术、市场营销和社交传媒、项目设计与评价、休闲项目、研究设计与管理、社会企业、特殊事件管理、艺术、志愿者管理、青年和家庭服务等领域的工作。[6]

二、项目要求

亚利桑那州立大学非营利领导力与管理专业主修项目的学生需最少修满120 个学分的课程，其中通识课程不少于 35 个学分。大学三、四年级需最少修 45 个学分课程，专业课学分绩点（GPA）不低于 2.0，所有课程平均学分绩点不低于 2.0。满足毕业要求的学生将被授予理学学士学位，如果同时满足非营利领导力联盟 30 学分的证书项目要求，可获得联盟颁发的非营利组织专业注册认证书。[7]

三、课程设置

（一）亚利桑那州立大学通识课程设置[8]

大学本科教育应该帮助学生们拥有某一个专业领域的能力或继续求学的能力，从而创建起一个令个人和社会满意的公民生活。精良恰当的通识课程设置是亚利桑那州立大学非营利领导力与管理专业主修项目课程设置的重要一环。在掌握某一特定学术领域和专业学科知识的同时，要求学生广泛接受教育并发展利于终身学习所需的一般知识和技能。通识课程的学习可以帮助学生掌握批判性学习的技能、对知识溯本逐源的能力、使其能够从更广阔的视角看待问题，并自然的接受不同时间、不同文化、不同国家所创造的多样性。

批判性学习技能包括熟练地使用语言、数学，以定量研究方法作为研究工具获取、更新、创造和传播知识；广泛接受教育包括了解艺术与人文、社会科学和自然科学知识的发展脉络及其分支；拓展看待问题的视角即能够从历史、全球和跨文化的角度来看待各种类型的知识与信息。

亚利桑那州立大学的通识课程包括五个核心领域和三个意识领域。

6　Career Opportunities, https://scrd.asu.edu/programs/undergrad-programs/nlm-undergrad/nonprofit-careers, 2015-02-06.

7　Undergraduate Programs 2013-2014 Advising Guide, https://scrd.asu.edu/future-students/academic-advising/undergraduate-advising-guide/view, 2015-03-27.

8　University Undergraduate General Studies Requirement, https://catalog.asu.edu/ug_gsr, 2015-03-27.

1. 五个核心领域

语言能力与批判性探究能力领域、数学研究领域、人文学科、艺术和设计领域、社会行为科学领域和自然科学领域。共 29 学分。（见表 2-3）

表 2-3　亚利桑那州立大学本科生通识课程五大核心领域

核心领域	学分	具体课程	课程功能与内容
语言能力与批判性探究能力（L）	3	英语课	语言能力主要包括书面写作和口语演说。批判性探究能力主要是收集、解释和评估已有证据材料。该领域帮助学生通过语言进行理性批判和交流的能力。
数学研究（MA & CS）	3	数学课	数学基础能力。
	3	计算机／统计／定量应用课	应用数学进行推理，运用统计／定量分析的方法或使用计算机对数学作业进行系列分析。
人文学、艺术和设计（HU）（高年级通识必修课）	6	人文课 艺术课 设计课	该领域的课程可以帮助学生加深对人类复杂性处境以及历史和文化多样性的理解。人文学科课程可以帮助人们提高对哲学、历史、宗教和艺术传统的思考与想象力。艺术与设计课程致力于丰富审美体验和艺术创作学习。
社会行为科学（SB）（高年级通识必修课）	6	社会行为科学课	社会行为科学课程为调查社会和个人中的人类行为经验，提供科学方法指导。学习内容覆盖文化、经济、地理、历史、语言、政治、心理或社会。帮助学生理解在世界经济、语言、军事、政治和社会距离边界不断消逝的情况下，个人和文化团体所呈现的多样化本质。
自然科学（SQ & SG）	4	自然科学定量课程（SQ）	该实验室课程包括对物理和生物系统中的物质和能量做大量概论性介绍。帮助学生理解科学对社会的贡献和局限性。了解有生命系统和无生命系统中的物质和能量的基本知识和原理。
	4	自然科学一般课程（SG）	该实验室课程涵盖有助于对科学进行定性或描述性讨论的科学探究领域知识。加深对科学环境的直接感受和对科学概念、原理和词汇的理解。

资料来源：University Undergraduate General Studies Requirement, https://catalog.asu.edu/ug_gsr, 2015-03-27.

2. 三个意识领域

包括美国的文化多样性意识领域、全球意识领域和历史意识领域。这些领域通识课程的学习可以帮助学生理解现在美国的文化多样性、为学生提供国际视角思考，以及通过对过去的学习理解现在人类面对的问题。三个意识领域与五个核心领域的课程之间是相交融的。见表 2-4。

表 2-4　亚利桑那州立大学本科生通识课程三大意识领域

意识领域	课程功能
美国文化多样性意识（C）	帮助学生认识并接受美国现存的文化多样性。通过研究文化、社会或女性和少数民族对科学的贡献，考察美国发展中的经历或探索不同成就的文化团体之间的相互作用。使学生意识到因为文化的多样性和不同的来源共同组成了美国的过去、现在和未来，提高学生间相互理解和尊重的意识。
全球意识（G）	帮助学生认识到需对美国以外的价值观、元素与社会发展的理解。全球意识的课程包括让学生认可当今的其他文化与美国文化都是构成人类共同目标和福祉的组成部分。
历史意识（H）	帮助学生了解可能对现在和未来有用的历史知识。历史存在于语言、艺术、音乐、文学、哲学、宗教和自然科学以及社会科学的传统之中。

资料来源：University Undergraduate General Studies Requirement, https://catalog.asu.edu/ug_gsr, 2015-03-27.

（二）非营利领导力与管理专业课程设置

1. 非营利领导力与管理专业主修项目培养计划

亚利桑那州立大学的非营利领导力与管理专业主修课程八个学期总学分共 120 分，其中第一学期 17 学分，第二学期 16 学分，第三学期 16 学分，第四学期 15 学分，第五学期 15 学分，第六学期 15 学分，第七学期 14 学分，第八学期 12 学分。不仅将通识课程与专业课程很好的进行了融合，同时对于该专业的学生还设置了与专业领域相关课程和跨学科课程充实学生的选修课。见表 2-5 与表 2-6 所示。

表 2-5　亚利桑那州立大学非营利领导力与管理专业主修项目培养计划（1）

学　期	课　程	学　分
第一学期	非营利行为和社区领导力（SB）	3
	社会学概论（SB）	3
	亚利桑那州立大学发展史	1
	英语（L）	3
	大学数学（MA）	3
	第一学年研讨会	1

	跨学科必修课程	3
	学期课程学分总和	17
第二学期	社区服务行业	3
	英语（L）	3
	人文学、美术与设计（HU）和美国文化多样性（C）；或人文学、美术与设计（HU）和全球意识（G）；或人文学、美术与设计（HU）和历史意识（H）	3
	自然科学定量课程（SQ）	4
	选修课	3
	学期课程学分总和	16
第三学期	非营利组织概论	3
	计算机／统计／量化应用（CS）	3
	人文学、美术与设计（HU）和美国文化多样性（C）；或人文学、美术与设计（HU）和全球意识（G）；或人文学、美术与设计（HU）和历史意识（H）	3
	自然科学定量课程（SQ）或自然科学一般课程（SG）	4
	跨学科必修课程	3
	学期课程学分总和	16
第四学期	公共演说（L）	3
	跨学科必修课程	3
	非营利领导力与管理相关领域课程	3
	2门选修课程	6
	学期课程学分总和	15
第五学期	非营利组织财务管理	3
	可持续发展的社区	3
	涵盖社区发展（C）	3
	志愿者管理	3
	社会企业	3
	学期课程学分总和	15
第六学期	筹资与资源开发	3
	项目策划（L）	3
	非营利领导力与管理相关领域课程（2门课程）	6
	高年级人文学、美术和设计（HU）或高年级社会与行为科学（SB）	3

	学期课程学分总和	15
第七学期	非营利组织管理（L）	3
	社区服务评估与评价	3
	领导力与专业发展	3
	非营利领导力管理相关领域课程	3
	选修课程	2
	学期课程学分总和	14
第八学期	毕业实习	12
	学期课程学分总和	12

资料来源：Undergraduate Programs 2013-2014 Advising Guide, https://scrd.asu.edu/ future-students/academic-advising/undergraduate-advising-guide/view, 2015- 03-27.

表 2-6　亚利桑那州立大学非营利领导力与管理专业主修项目培养计划（2）

与非营利组织领导力相关领域课程（选修 12 学分）
课程包括： 会计和财务分析；商业与职业领域的沟通交流；跨文化交流元素（SB＆C＆G）； 非领导者的管理与战略；专业发展研讨会；非营利组织领导力联盟学会； 以社区发展为主题的服务学习；创建领导力技能（SB）；娱乐规划与设施开发（L）； 治疗性娱乐基础（SB）；重大事件管理；现代社会问题（SB）；文化遗产与文化观光。
跨学科必修课程——领域 1
课程包括： 刑事司法概论（SB）；法院与审判；青少年司法；犯罪学概论（SB）；实体刑法； 司法系统中的社区关系（SB）；家庭暴力；帮派团伙。
跨学科必修课程——领域 2
课程包括： 21 世纪的公共服务和政策；经济与公共政策（SB）；领导力与转变（SB）； 创建领导力技能（SB）；城市政策（C）
跨学科必修课程——领域 3
课程包括： 社会工作概论（SB＆H）；经济：社会问题视角；女同性恋、男同性恋、 双性恋、变性人研究概论（SB＆C）；亚利桑那州与联邦政府：社会工作视角； 伦理学概论：社会问题视角；压力管理技能（SB）

资料来源：Undergraduate Programs 2013-2014 Advising Guide, https://scrd.asu.edu/ future-students/academic-advising/undergraduate-advising-guide/view, 2015- 03-27.

2. 非营利领导力与管理项目专业课程设置

根据亚利桑那州立大学非营利领导力与管理主修项目的培养计划，该专业根据非营利组织运营和学生发展的需要，共设置 50 门专业课程供学生选择。如表 2-7 所示。

表 2-7　非营利领导力与管理专业课程与学分表

课程名称	课程内容	学分
志愿行动和社区领导	为对志愿服务、社区服务和公民参与感兴趣的同学介绍美国社会的志愿行为。	3
第一年研讨会	为一年级学生提供的围绕学生和老师讨论与教育的小型课程。	1-3
特殊主题	涵盖当前老师和学生最感兴趣的主题。	1-4
社区服务行业	介绍构成当前社区的公共领域、非营利组织领域、私人领域的资源和服务系统。由三个模块组成，重点介绍在公园与休闲、旅游业、非营利组织行业服务的提供。	3
非营利组织概论	介绍非营利组织部门及其对美国社会的文化、经济和社会发展的影响。	3
荣誉引导研究	在学院老师的指导监管下进行独立研究或实践学习。	1-6
筹款与资源开发	慈善学的理论与实践，通过伦理筹款获取资源以及非营利组织筹款的方法。	3
可持续发展的社区	分析社区作为促进可持续发展的组织系统的概念。	3
包容性的社区发展	考察不同人群的生命周期特点以便开发有效的包容性社区项目和服务。	3
志愿者管理	管理志愿者服务项目，研究和分析志愿者人员发展流程。	3
专业发展研讨会	包括以非营利组织执行者为代表的专业研讨会；围绕领导力和管理考虑的多种主题；增强学生和专业人员交流思想的论坛。	1
非营利组织财务管理	帮助学生了解非营利组织财务、管理、社会会计；非营利组织特殊会计事务；预算；报告和非营利组织分析。	3
社区服务的评价与评估	介绍应用休闲研究，强调项目评估、研究设计、数据收集技术和数据分析。	3
领导力与专业发展	探究领导力的理论和策略，明确当前的专业问题，使学生具备转变为专业人士所需的专业理念和能力。	3
社会企业	对社会企业进行深度研究，包括掌握计划构思、构建和实施的方法，进行体验式学习。	3

管理与领导力学会	全国管理和领导力学院将为培训非营利组织专业人士做准备。	1
管理非营利组织	分析非营利组织内的行政结构、决策制定与项目实施的过程。	3
社区发展的服务学习	与当地非营利组织合作，通过浸透式的社区服务将学生所学到的青年和成人发展理论知识应用于实践。	3
捐赠写作	构建一个资金计划，确定捐赠人，依循指导方针，有效写作，实施预算，反馈评审人，以增加捐赠基金。	3
高年级实习课程	监管指导在制定机构中的实践。	6-12
实习课程	在教师和从业人员的监督下依据协议或计划开展结构化实践。	1-12
荣誉论文	进行本科荣誉论文或创新项目准备和实施的指导研究或创新性活动。	1-6
荣誉报告会	着重讨论，由学生书面或口头报告并积极参与的课程。	1-6
领先研讨会	在专业内部为优秀学生开设团体学习和研究。	1-7
个别指导	在个性化和自主性基础上为这个专业或领域提供一个初始研究或调查的机会。	1-3
非营利管理基础	发掘非营利组织部门在美国社会中的历史和角色，当前的问题和传递系统。	3
财务和资源管理	了解非营利组织使用的资金结构；管理者使用的财务工具；资金聚集的做法和工具。	3
项目评估与信息管理	开发几个方面的技能，包括评价、需求评估、信息和数据收集、数据管理和分析、计算机应用、报告写作。	3
非营利组织的人力资源	非营利组织中管理员工和人力资源的实践与理论。	3
志愿者资源管理	学习如何有效管理志愿者，如何最大化资源，同时保证志愿者在组织内有好的体验经历。	3
慈善学：理论与实践	概述精选的慈善学主题，了解这个领域中的理论和实践。	3
非营利战略管理	评述非营利组织中有效领导所需的重要领域的战略管理。概述战略管理领域，以帮助非营利组织和领导者在面对机遇和挑战时准确的定位，提升有效管理。	3
非营利部门的领导力与伦理道德	审查非营利组织中管理者和领导所面对的领导力与伦理道德问题。	3
非营利捐赠写作	为确定捐赠制定者、写提案、开发预算、以及非营利组织部门捐赠提议评价提供实用的经验指导。培养学生根据实际情况书写提案，明确他们合作伙伴的需要。	3

国际非政府组织	通过了解这些组织如何处理复杂的管理问题，增加学生对国际非政府组织相关知识和运作的了解。学生将依据未来工作需要，明确自己的能力发展需求。	3
实习课	学生在专业项目中的实际经历，从业人员和／或教师与学生紧密合作进行监督指导	1-12
论文	对论文写作进行研究指导。	1-12
行政领导与治理	审查管理者和董事会执行者领导非营利组织时的多重角色。	3
非营利组织面临的关键问题	提升对非营利组织内领导力、资源开发和社会责任发展趋势的理解。	3

资料来源：NLM courses catalog, https://webapp4.asu.edu/catalog/courselist?s=NLM &t=2127&hon=F, 2015-03-28.

四、亚利桑那州立大学非营利领导力与管理专业主修项目课程设置特点

（一）通识课程与专业课程良好的融合

亚利桑那州立大学的本科生通识课程非常具有特点。他们注重培养学生的批判性学习能力，培养学生探究知识的起源与发展的好奇心和终身学习的能力，使学生能以多视角看待世界的能力，适应不同时间、文化、国家地域所带来的差异化挑战，创建一个令个人和社会都满意的公民生活。

公共服务和社区对策学院在设置非营利领导力与管理专业主修课程时充分意识到五大核心领域（语言能力与批判性探究能力领域、数学研究领域、人文学科、艺术和设计领域、社会行为科学领域、自然科学领域）与三大意识领域（美国的文化多样性意识领域、全球意识领域和历史意识领域）通识教育的培养对该专业学生的重要性。因此学校规定通识教育课程修读学分不低于 29 分，非营利领导力与管理专业学生的通识课程学分相应的定为不低于 34 学分。通过不同学科课程，如英语课、大学数学课、历史课、社会学概论课、美术欣赏和创意设计课、计算机课、统计学课、定量分析方法课、心理学概论课、音乐课、文学哲学课、宗教课，以及以真实实验室对学生进行通识教育培养，使学生掌握批判性学习技能，使其能熟练使用语言、数学和定量研究等方法来获取、更新、创造和传播知识。广泛学习艺术与人文、社会科学和自然科学领域的知识，并能以开阔的视野来看待历史上、全球不同国家与文化间的知识与问题，这些素养和能力是从事非营利部门工作学生所需

要的。

同时该专业在课程设置时注意将专业课程与通识教育能力培养结合起来。例如可以培养学生的口语表达能力和书面语言灵活运用的能力，发展学生的语言与批判性探究能力。通过非营利行为和社区领导力课、跨文化交流元素课、创建领导力技能课、治疗性娱乐基础课、现代社会问题课、刑事司法概论课、犯罪学概论课、司法系统中的社区关系课、经济与公共政策课、领导力与转变课、创建领导力技能课、社会工作概论课、女同性恋、男同性恋、双性恋、变性人研究概论课、压力管理工具课等，培养学生调查并理解人类个体和团体在社会中不同的行为表现、透过社会现象探究人类行为的本质、在非营利部门环境下理解和处理差异性人类行为的能力，即发展通识教育中设定的学生社会行为科学领域的知识与能力。此外，这些课程能够帮助学生了解美国社会的多样化形态，了解美国过去、现在和未来所面对的问题，提高其对不同性别、种族、文化群体的理解和宽容的意识，即达到通识教育中美国文化多样性意识领域的培养。同样，跨文化交流元素课和社会工作概论课也培养了学生的全球意识和历史意识，使非营利领导力与管理专业的学生具备足够的文化宽容度，加强其对文化传统和社会整体发展脉络与态势的理解和把握。在非营利组织的工作中结合全球人的智慧为人类共同目标和福祉而努力，最终实现非营利的最高使命。

（二）非营利管理专业课程得到强化

亚利桑那州立大学非营利领导力与管理专业将通过学科课程和活动课程的设置将学生培养成对其所在工作领域有积极影响作用的专业人员。通过课程学习，学生将加深对非营利部门的理解，并从非营利的角度思考社会、政策、经济、慈善等。为使学生具有非营利部门所需的知识与能力，亚利桑那州立大学公共服务和社区对策学院依托学院的学科优势进行了专业课程的设置，开设志愿行动和社区领导课、社区服务行业课、可持续发展社区课、包容性的社区发展课、社区服务的评价与评估课、社区发展的服务学习课等专业课程，以社区发展为基础，帮助学生更好的掌握非营利管理所需的知识与能力。美国社区有其独特的涵义，是一个有着共同特质和归属感，维持着形成社会实体的社会联系和社会互动的群体。[9]在社区中成员们进行着生产服

9　夏建中：《美国社区的理论与实践研究》，北京：中国社会出版社，2009 年，03 页。

务、交换分配与消费，每一个人都能通过社区参与和相互支持，更好的认识自己、服务社会、共创全体的福祉。自 20 世纪 80 年代美国新公共管理政策实施以来，非营利组织逐渐将社区作为自我运作和发展的基础。因此对社区的深入了解及社区非营利组织运作知识与能力的培养是符合客观需要的。几十年来亚利桑那州立大学一直认为如果对学生进行非营利部门领域的教育，即便其日后并未选择进入非营利组织工作，也将会成为一个优秀的社区志愿者、捐赠者和公民，这也是非营利组织人才培养的价值所在。

针对非营利管理所需的董事会／委员会发展、筹资原则和操作、人力资源开发和监管、会计和财务管理等专业能力，非营利领导力与管理专业强化了专业课程的设置，开设了非营利组织概论课、非营利管理基础课、慈善学理论与实践课、领导力与专业发展课、非营利部门的领导力与伦理道德课、国际非政府组织课等课程，使学生们对非营利组织的管理有全面的了解。在此基础上，学院开设筹款与资源开发课、非营利组织财务管理课、社会企业课、非营利组织财务和资源管理课、志愿者管理课、项目评估与信息管理课、非营利组织的人力资源课、非营利战略管理课、非营利捐赠写作课、行政领导与治理课、非营利组织面临的关键问题课等专业方向课，从不同方向对学生进行培养。通过这些专业课程的强化，学生们不但能够牢固掌握非营利组织管理所需的基础知识和技能，而且拥有了非营利组织不同工作领域中所需的知识与能力。

（三）增强跨学科课程的设置

在非营利领导力与管理专业培养计划中，第一、第三和第四学期都设置了跨专业选修课程。跨学科课程主要涉及法律、政策和社会三大学科领域。在法律学科领域设置了刑事司法概论课、法院与审判课、青少年司法课、犯罪学概论课、实体刑法课、司法系统中的社区关系课、家庭暴力课和帮派团伙课。非营利组织作为第三部门，不仅为社会提供所需的一般公共服务，也要为社会中的特殊人群和团体提供服务和帮扶，解决政府和企业无法提供的服务需求。受刑人员和曾经服刑人员都是部分非营利组织的主要服务对象，因此学习相关法律知识可以帮助他们在现实中更好的开展工作。青少年司法课、帮派团伙课、家庭暴力课的学习可以帮助学生在非营利组织工作中掌握处理青少年、社区和特殊家庭事件的对策与方法。在政策学科领域设置的 21世纪的公共服务和政策课、经济与公共政策课、领导力与转变课、创建领导力技能课和城市政策课，帮助非营利领导力与管理专业的学生了解政策、经济对非营利组织运营的影响。根据不同的政策，作为非营利组织的管理者应该如何运用自己的领导力对组织的发展进行规划与指导。通过对不同时期美国联邦和州及城市政策的了解，学生们将会对非营利组织面对的挑战有更深刻的理解，对于相关问题也有更包容的心态。

在社会学科领域，该专业开设了从社会问题视角讲解经济课程、伦理学的课程、和介绍亚利桑那州与联邦政府的课程，较普遍的社会问题：男女同性恋、双性恋、变性人研究课程，以及社会工作概论课程和压力管理技能课程。这些课程涉及的知识领域是从事非营利管理的学生需要掌握的、非营利组织在管理和运营过程中需要不断的解决社会问题，同时了解社会工作的基本内容和技巧，合理管理志愿者开展工作。社会学科领域的课程恰好可以提供此方面的知识与技能。

跨学科课程设置使不同学院不同学科之间的资源进行沟通、联系与合作，为学生提供更深厚和广博的知识，便于学生在综合与整合不同学科知识与能力的基础上创新发展自我的知识与能力体系，达到培养全人的目标。[10]非营利领导力与管理专业培养计划中将跨专业课程设置在大学低年级，是为了使学生在接触非营利组织管理专业知识的初期掌握不同专业学科的知识，便于其较早的整合与掌握对不同知识与能力，为进一步学习非营利管理专业方向课程打好基础。

（四）实习课程受到高度重视

在公共服务和社区对策学院开设的 50 门专业课程中有四门实习课程：两门普通实习课程，每门课程根据实习时间授予 1-12 学分，该课程由教师和非营利组织从业人员共同制定实习计划，并按照计划指导学生实习；一门 6-12 学分不等的高级实习课程，在高级实习课程中，教师会为学生针对性的挑选非营利组织机构进行实习，根据该实习机构的运营特点指导学生掌握相关的知识和基本技能；一门 1-12 学分不等的研究性实习课程，此门课程会先设定研究项目，在实习机构中教师和组织从业人员将始终与学生一起，按照预先设定的研究计划，进行规范的研究实习，帮助学生将理论与实践切实的融合掌握。

---

10 张伟：〈跨学科教育：普林斯顿大学本科人才培养案例研究〉，载《高等工程教育》，2014 年第 5 期。

非营利领导力与管理专业明确规定整个第八学期为毕业实习期，设置了12学分的毕业实习课程，将其放在非常重要的地位。由于亚利桑那州立大学与非营利组织和社区保持密切的联系，加之其对学生实习的重视和严格要求，非营利领导力与管理专业的毕业生就业率一直维持在较高水平（80%-90%）[11]。很多学生就业于当地的社区组织、草根组织、基金会或全国知名的如红十字会、美国人道协会、美国城市联盟等非营利组织，担任地区主管、基金发展执行董事、项目主管、项目专员与筹款专员、志愿者项目经理等职。[12]

第三节　林登伍德大学非营利管理专业辅修项目课程设置

专业辅修项目是为在大学求学期间学有余力，修读同层次其他专业课程，达到修习要求的学生，颁发辅修专业证书的教学组织形式。

林登伍德大学创建于 1827 年，位于美国密苏里州圣查尔斯市，是一所教学型四年制本科院校。学校提供价值为中心的教育项目以培养有教养、有责任心的全球社区公民。本节重点研究的非营利管理专业辅修项目是由人类服务学院（School of Human Services）于 1996 年开设的。

一、培养目标

人类服务学院致力于培养学生为推动世界成为更安全与健康，适宜人类生存与发展的环境而工作。人类服务学院开设了基督教研究、刑事司法、消防与护理科学、军事学、非营利管理、公共管理和社会工作七个专业，培养学生为人类社会健康安全的发展提供服务的能力。非营利管理专业主要通过服务学习这种做中学的方式培养学生。使其成为青年、社会和社区非营利组织中的领导者和管理者，同时具备非营利组织策划、筹资、员工管理、非营利组织预算、组织、执行与评估等方面的知识与能力，可在青年服务组织、老年服务组织、艺术组织、博物馆、教育组织、休闲娱乐组织和运动组织等

11 Norman A. Dolch, Marvin Ernst, John E. McClusky, Roseanne M. Mirabella & Jeffery Sadow, "The Nature of Undergraduate Nonprofit Education: Models of Curriculum Delivery", Nonprofit and Voluntary Sector Quarterly, 2007 (9), p.35.

12 Career Opportunities, https://webapp4.asu.edu/programs/t5/majorinfo/ASU00/PPNL MBS/undergrad/false?init=false&nopassive=true, 2015-02-06.

非营利组织机构中任职。[13]

二、项目要求

选修人类服务学院非营利管理专业辅修项目的学生需要完成 24 学分核心课程的学习，其中 12 学分为必修课程，12 学分为选修课程。这些核心课程都根据不同领域的非营利组织进行有方向性课程设置。学分修满达到培养标准的学生将会在学位证书上标记"辅修非营利管理专业"字样，不单独颁发辅修证书。[14]

三、课程设置

（一）非营利管理辅修项目必修课程设置

非营利管理辅修项目的学生需要从该专业的必修核心课程中修满 12 学分的课程。非营利管理专业的必修核心课程包括：非营利组织和社区服务概论课、非营利管理学生联盟课、筹资课、人力资源管理课、非营利管理课、志愿者管理课、领导力研究与操作课、实习课程、非营利管理特殊主题课，跨文化交流课十门课程。学生需要在此十门核心必修课程中修读非营利组织和社区服务概论课、人力资源管理课、非营利管理课、领导力研究与操作课四门课程，每门课程 3 学分。具体设置如表 2-8 所示：

表 2-8　非营利管理专业辅修项目必修课程内容及学分设置

核心必修课程（12 学分）		
课程名称	课程内容	学分
非营利组织和社区服务概论	该课程旨在探究非营利组织在社会中的作用。主要涵盖非营利组织对政治、社会、文化、经济的影响，包括对于科技、环境、人类服务、人权问题的倡导作用，以及与志愿者相关的问题。	3
人力资源管理	该课程研究影响商业部门和非营利组织部门的人力资源管理程序。学生们将从招聘、选拔、绩效评估、薪酬、福利，以及员工和志愿者的培训和发展等方面了解人力资源管理。尤其关注如何处理关于员工和志愿者的不满、歧视、多样性和骚扰问题。	3

13　School of Human Services, http://www.lindenwood.edu/humanServices/index.html, 2015-03-29.

14　Nonprofit Administration Program-Undergraduate, http://www.lindenwood.edu/human Services/npa/undergrad.html, 2013-03-29.

非营利管理	这门课程主要介绍如何在非营利组织中应用相应的管理方法。主题包括：机构工作人员、志愿者和客户服务的管理；项目策划和服务传递；公共关系与市场营销。通过该课程的学习掌握解决问题的有效技能；开发服务以有效应对社区的多样性。学生将研究国内和国际慈善事业的趋势、非营利组织和跨部门合作伙伴的重要性、理解倡议和游说在非营利部门的重要性。	3
领导力研究与操作	本课程探究在既定情形下影响实施的多种技巧。重点在领导力的研究和技能上，包括理解有效领导力的态度和行为。内容涵盖非营利组织部门的道德与职业操守问题。	3

资料来源：Undergraduate Catalog (2013/2014), http://www.lindenwood.edu/academics/catalog/catalogs/2013-14UGCatalog.pdf., 2015-02-07.

（二）非营利管理辅修项目选修课程设置

非营利管理专业设置了包括非营利管理专题研究课、非营利管理学生社团课在内的十门核心选修课程。辅修该专业的学生需要从娱乐与休闲服务概论课、筹资课、志愿者管理课、非营利组织预算和财务管理课、实习课程、高级研讨课、跨文化交流课、社会环境中的人类行为课，八门课程中选修四门课程，每门3学分，以达到选修12学分课程的要求。具体课程设置如表2-9所示：

表2-9　专业辅修项目选修课程内容及学分设置

核心选修课程（12学分）		
课程名称	课程内容	学分
娱乐与休闲服务概论	本课程从正式职业的视角对整个娱乐和休闲领域进行描述和分析。在娱乐和休闲职业的历史和哲学基础上探讨娱乐与公园活动、技术、经济的影响，以及社区对休闲运营系统的影响。	3
筹资	该课程研究非营利组织与营利性组织的不同，包括审视慈善与筹资技术与金融组织的关系，政府资金和预算等方面。	3
志愿者管理	本课程探讨志愿社会的概念、问题和意义，重点是了解如何招募人力资源、安置和促进志愿者发展；多样化管理；监管以及评估志愿者的战略技巧。	3
非营利组织预算和财务管理	本课程提供非营利组织内财务管理的原则和操作概览。主题包括处理收入收据、开发预算、报告机制和需求、阅读和解释财务报表等恰当的程序。重点在非营利组织领域独特的、有代表性的规则，同时创建一个框架更有效的获取和应用财务信息。	3
实习课程	在机构人员的监管下，学生将观察并实践非营利组织行政管理技能。本课程需要在非营利组织机构中实习150小时。	3

高级研讨会	研讨会必须在学士学位学习的最后一年完成。它提供关于专业标准、道德规范的讨论，对非营利组织相关案例研究、领导力和管理技能的评估。	3
跨文化交流	该课程教授参与者在跨文化交流中各种人际关系技巧。不同的相关主题包括在语言和非语言交流中发展自我意识，对他人的认识。在不同的文化环境下交流情感、人际沟通主题包括：沟通的过程、倾听、将想法变为文字，在社会交往和职业环境下的交流；在小组中交流，研究思想，了解听众，演讲、以及论证和辩论的准备。	3
社会环境中的人类行为	本课程主要探究人类精神心理——社会——文化发展的理论和知识。包括社会系统的范围，贯穿一个人一生的个人生活（家庭、群体、组织、社区）。人类的发展被视为个人与系统之间复杂的交互行为。学生发展出什么样的系统将促进或阻止人们维持或实现健康与幸福。	3

资料来源：Undergraduate Catalog (2013/2014), http://www.lindenwood.edu/academics/catalog/catalogs/2013-14UGCatalog.pdf., 2015-02-07.

四、林登伍德大学非营利管理专业辅修项目课程设置特点

（一）根据就业领域有针对性的设置专业课程

林登伍德大学人类服务学院以为人类社会安全健康的发展提供服务为使命，针对不同的服务领域培养非营利组织管理人才。在专业课程设置方面设定了倾向于商业、美术、教育、社会服务、沟通交流、基督教研究、休闲娱乐领导力管理在内不同方向领域的非营利管理课程。[15]学生可以根据自己的兴趣选修相关方向领域的课程，为未来就业打好基础。

根据未来工作领域的需要和专业辅修项目的特点，人类服务学院在必修课程中有针对性的设置了非营利组织和社区服务概论课、人力资源管理课、非营利管理课、领导力研究与操作课。通过这四门课程的学习，学生可以总体掌握未来从事各方向领域非营利组织管理工作所应具备的基本知识与能力。非营利组织和社区服务概论课帮助学生从宏观上了解非营利组织在社会发展中的角色及其对政治、社会、经济、文化的影响。非营利组织与社区服务关系课程使学生更深入地了解非营利组织进行科技、环境、人类服务、人权问题倡导的意义，加深其对非营利组织使命的认可。作为非营利组织的管理者，人力资源管理的知识和能力是必备的。在非营利组织人力资源管理课

---

15 Nonprofit Administration Program, http://www.lindenwood.edu/humanServices/npa/undergrad.html, 2015-03-29.

程中，学生将从招聘、选拔、绩效评估、薪酬、福利，以及员工和志愿者的培训和发展等方面，详尽了解非营利组织人力资源管理的流程和主要工作内容，并重点关注员工和志愿者遇到的不满、歧视、骚扰等问题的处理方法与技巧。在非营利管理课程中，学生将学习在非营利组织运营中对机构工作人员、志愿者和客户服务的管理，如何进行项目策划和实施服务，以及进行公共关系交流和非营利组织市场营销的方法。同时，把握国内外慈善事业的发展趋势，掌握最新的非营利组织管理方法。非营利管理专业重点培养非营利组织机构中的领导者，因此重点开设了领导力研究和技能课。这门课程不仅将介绍组织领导应持有的工作态度和恰当的行为，也将更深入地探讨非营利部门内所需的道德和职业操守问题。可见林登伍德大学非营利管理辅修项目中的四门必修核心课程的开设是很有针对性的。

（二）课程内容的设置与客观实践联系紧密

人类服务学院的非营利管理专业辅修项目除了设置核心必修课程保证学生掌握非营利管理所需的基本知识与技能，在内容上也做到与非营利的客观实践紧密相连。在筹资课程中，学生将了解非营利组织在筹资上与营利性组织在融资方面有哪些具体的不同并学习具体与政府、企业、社区团体和个人之间进行筹资的知识与技巧。志愿者管理课程在讲解志愿社会的基本概念，存在的问题和社会意义基础上，重点为学生传授如何招募志愿者、合理的安置志愿者、对志愿者进行多样化激励管理、促进志愿者发展等具体的战略技巧。在非营利组织预算和财务管理课上，学生将学习如何处理收入收据，如何进行开发预算，非营利组织预算报告机制，阅读解释非营利组织财务报表等具体细致的技巧，从而帮助学生在日后工作实践中更好的获取和把握财务信息。跨文化交流课中，教师将具体介绍跨文化交流中处理各种人际关系的技巧，讲解在不同时间和不同空间中进行人际交往的重要性，在交流过程中如何倾听，以及在社会交往和职业环境下交流的不同特点，在非营利组织进行演讲所需的准备工作。通过社会环境中的人类行为课的学习，学生将理解作为社会发展大系统中的个人应具备什么样的精神和行为以促进个体和社会的健康与安全。

在大学四年级才可以选修的顶级研讨会课程中，教师将组织学生对非营利部门的道德规范和专业标准进行讨论，通过案例研究，学生们将会对非营利组织管理的知识与技能进行充分的融合吸收，为进行日后实践操作打好基础。

（三）以就业基地为中心设置实践课程

林登伍德大学非营利管理专业项目负责人朱莉·特纳（Julie Turner）教授在访谈邮件中表示，该专业项目的课程设置强调做中学，该学院与当地非营利组织和社区团体广泛建立合作关系，为学生设置在这些非营利机构进行实践课程学习的机会，以使学生更直观、充分地理解非营利部门。所有选修非营利管理的学生都需要在真实的社区非营利组织中完成课堂教学中布置的项目和作业。授课教师选择有代表性的青年服务组织、老年服务组织、艺术组织、博物馆、教育组织、休闲娱乐组织和运动组织作为学生实践课程实施的基地，学生在这些就业基地中，在教师和从业人员的指导下完成实践课程的学习。项目还规定辅修该专业学生的实习课程时间不得少于 150 小时，充分的保证了学生亲手实践的时间与机会。除此之外，学生们可以参加美国人文学学生社团为美国红十字会的献血活动进行宣传与倡导，并将此活动并入实践课程学分中。[16]

综上所述，美国大学针对不同的非营利管理教育项目进行的课程设置也各不相同，但在课程设置上均呈现出以下特点：强调实践课程的比重，使学生在真实管理环境中将知识与能力整合性的吸收与掌握。在项目课程设置中将通识课程与专业课程进行良好的融合，真正做到对全面发展人的培养，这样的人也是深刻理解非营利组织使命、为非营利组织的发展和全人类的福祉而不断努力奋斗的人。跨学科进行课程设置可以将不同学院学科的知识进行整合，丰富学生的知识，开拓学生的视野，使学生从不同的视角来审视与探究非营利部门的知识与存在的问题，加深对非营利管理的理解。在计算机辅助教学的影响下，在线课程的开设为非营利管理教育带来了广阔的前景和福音。通过在线课程的学习，非营利管理知识得以更大范围的普及，也为学生提供了更便捷更高效的学习途径，加深他们对相关知识的掌握。积极开发非营利管理的在线项目和相关课程是美国各高校课程设置不断探索与开发的趋势。

---

16 Nonprofit Administration, http://www.lindenwood.edu/humanServices/npa/index.html, 2015-03-29.

第三章　美国大学非营利管理教育课程设置的熵变分析

　　根据系统论的观点，美国大学非营利管理教育的课程设置是一个以为非营利组织培养管理人才为目标，依据学生、学科和行业发展需要，有计划地对课程结构、课程内容等要素进行选择安排的动态有机系统。并且它是一个具有开放性、远离平衡态和非线性涨落特征的耗散结构系统。耗散结构是一种"活"的系统结构，它必须靠不断吸收外界的负熵流来维持生命的活力和有序结构的建立，否则它将趋于平衡态直至死亡。在美国大学非营利管理课程设置系统的发展过程中，由于各种不可逆行为带来的"熵"产生，如培养目标窄化，课程结构不合理、课程内容滞后等，使得课程设置系统内部资源不断消耗，质量不断下降。因此，美国大学非营利管理教育课程设置系统必须开放的足够大，不断与系统外部的政策与市场环境进行熵交换，吸收物质、能量和信息所带来的负熵流，用以抵消系统内部运行产生的正熵，使总熵变为负，促使整个课程设置系统向高级有序方向演进。

第一节　美国大学非营利管理教育课程设置系统与美国政策的熵交换

　　课程设置系统与美国政策的熵交换主要体现在联邦和州政府政策对非营利组织运营的影响从而为大学非营利管理教育课程设置所带来的能量与信息的熵交换上。自1981年美国大学开始开设非营利管理教育项目以来，对课程设置系统产生影响的公共政策主要有：美国新公共管理政策和美国创新战略政策。

一、美国新公共管理政策对大学非营利管理教育课程设置的影响

（一）美国新公共管理（New Public Management）政策

从 20 世纪 30 年代开始，西方国家受凯恩斯（John Maynard Keynes）主义的影响，随着政府在社会中干预范围和力度不断增大，干预效率却日益下降。特别是第二次世界大战后，国家行政权与政府职能持续扩张，导致政府各类人员增多，社会福利开支高居不下，财政赤字不断加大。于是，20 世纪80 年代开始，西方发达国家发起了一场声势浩大的行政改革运动，后来被人们称为新公共管理运动。[1]

同样从 20 世纪 30 年代开始采取凯恩斯政府干预政策的美国到了 20 世纪 70 年代中后期，已经出现了严重的经济滞涨，财政赤字不断升高。随着中产阶级成为美国社会的主体，靠增加税收来解决财政危机的传统方法已然失效。而政府在收入紧缩的同时，如失业保险、社会保障等各种不可控支出却不断增加，美国政府陷入深深的财政窘境之中。伴随着种种财政困境，美国政府传统的官僚制度治理基础也陷入了严重的效率危机。依据盖瑞·J·米勒（G. J. Miller）的科层政治经济学说，官僚机构不可避免的需下放决策权，但是权利下放的同时必定会影响官僚决策的效率和一致性，在科层中会引起"帕雷托次优"[2]的横向两难困境。由于信息不对称、垄断和团队外部性，产生不可能通过激励方法解决的纵向两难困境。同时各种社会问题层出，公共治理的效率危机使美国政府的形象与信誉大打折扣，民众普遍对政府工作缺乏认同感和信任度，严重危及了政府的合法性基础。[3]在这种情况下，美国爆发了新公共管理运动。这场运动又被命名为"企业家政府"、"新管理主义"、"市场导向的公共行政"、"政府再造"等名称。

---

1 陈刚：《公共行政与代议民主——西方公共行政的历史演变及其启迪》，北京：中国社会科学出版社，2010 年，112 页。

2 "帕雷托次优"指某一项资源配置的变动中使有些人受益而有些人受损，但是受损的效用小于受益的效用，这种现象称为帕雷托次优。

3 章伟：《网络型权利结构与多中心治理——论新公共管理视野中的美国新绩效预算改革》，见马骏、王浦劬、谢庆奎、肖滨：《呼吁公共预算：来自政治学、公共行政学的声音——第一届中国公共预算研究全国学术研讨会论文集》，北京：中央编译出版社，2008 年，288 页。

新公共管理运动是以政府再造理论为基础的。戴维·奥斯本（David Osborne）和特德·盖布勒（Ted Gaebler）在其合著的《新政府运动》（Reinventing Government）中提出了政府再造的十个方向：导航性政府、竞争性政府、任务导向政府、结果导向政府、顾客导向政府、有企业心的政府、分权化政府、属于社区的政府、预防性政府、市场导向政府。[4]其目的就是将政府改造成企业型政府，提倡政府要像企业家一样在经营中追求效率、重视质量、善待消费者和力求完美的服务精神，并像企业一样运用科学的管理方法，改革政府管理方式以提高政府的效率和活力，从而增强政府责任感、重塑政府形象。

依新公共管理运动发展之势，美国新公共管理政策由里根总统开始推行，在克林顿政府时期达到了高潮。1993 年克林顿总统一上台便高举政府绩效改革的大旗，在他的推动下，美国政府成立了由戈尔副总统领衔的国家绩效评审委员会（National Performance Review，NPR）推行了一系列政策改革。1993 年 6 月，美国国会通过《政府绩效与结果法案》（The Government Performance and Results Act，GPRA）为改革确定了基本思路和方法。《政府绩效与结果法案》明确要求联邦政府机构对工作结果承担责任，增强美国人民对政府能力的信心；关注工作结果、提高服务质量和顾客满意度，提高联邦政府的工作效益与公共责任；提供明确而丰富的法定目标和信息，以及联邦政府工作和经费使用效果的信息，改进国会决策以及改进联邦政府内部管理等。改革内容包括政府工作战略规划、绩效计划和绩效报告三方面。[5]1993 年 9 月国家绩效评审委员会又发布《从繁文缛节到结果导向：创造一个花钱少、工作好的政府》（From Red Tape to Result: Creating A Government That Works Better and Cost Less），这篇报告即为著名的《戈尔报告》（Gore Report）。《戈尔报告》中共提出 384 项改革意见，主要是将政府再造的 10 个方向整合为政府改革的四大原则：1. 顾客至上、民众优先（Putting customers first）；2. 删减法规、简化程序（cutting red tape）；3. 授权员工、追求效果（empowering employees to

---

4　陈正隆：《美国"国家绩效评鉴"之省思与启示》，见詹中原：《新公共管理——政府再造的理论与实务》，台北，五南图书出版公司，2000 年，135 页。

5　章伟：《网络型权利结构与多中心治理——论新公共管理视野中的美国新绩效预算改革》，见马骏、王浦劬、谢庆奎、肖滨：《呼吁公共预算：来自政治学、公共行政学的声音——第一届中国公共预算研究全国学术研讨会论文集》，北京：中央编译出版社，2008 年，289 页。

get results）；4. 节约成本、提高效益（cutting back to basics）。并依据四原则对联邦公务员规划了九个行动方案：1. 厘清任务所在；2. 多领航，少划桨；3. 下放权利与责任；4. 协助社区解决他们自己的问题；5. 以诱导取代管制；6. 以结果为基础发展预算；7. 将竞争观念注入政府的每一项事务；8. 寻求市场而非行政解决方案；9. 以顾客满意度来衡量施政成功与否。[6]从美国政府发布的两个文件中，我们可以看到 20 世纪 90 年代美国新公共管理政策主要强调政府的绩效、责任制、顾客导向、市场导向和结果导向。

（二）新公共管理政策对美国非营利组织运营产生的影响

新公共管理政策中提出的政府改革的相关政策要求非营利部门更多的参与到美国社会的公共管理过程中来，与政府共担公共管理的职能，共同实现公共利益。政府的作用是掌舵而不再是划桨，政府以合同出租（contracting out）的形式，通过招标中标等手段将公共服务转包给非营利组织。通过这种形式，政府将原来对行政组织的等级控制转变为对承包商的合同管理，简化了管理程序，降低了服务成本，提高了服务效率。同时政府购买服务也成为非营利组织的主要收入之一。为提高绩效也探索了一些有益的绩效评估方法，政府将非营利组织纳入其中。例如 1986 年，佛罗里达州通过法案要求非营利机构——儿童、青少年和家庭服务中心（Children, Youth and Family Service）对 34 个州项目中的 275 个子项目的执行情况进行评估。评估不是简单罗列项目中客户的数量和提供服务项目的数量，而是对项目是否达到预期效果进行重点评估，这些评估数据将被广泛运用到政府预算的过程中。[7]因此要求非营利组织了解政府政策，拥有项目分析和绩效评估的能力。新公共管理政策要求政府为社区授权，帮助社区解决自己的问题，而非营利组织在这个过程中扮演着重要的角色。非营利组织可以为社区及社区成员提供中介服务或直接服务，在市场导向下，将政府与企业、企业与社会、政府与市场，进行跨界合作、资源整合共同促进社区的发展。

美国政府为改革福利制度，放松管制，提高服务质量，以凭单（voucher）的方式为有资格消费某种服务的公民发放消费券，用于购买公共物品和服

---

6 陈正隆:《美国"国家绩效评鉴"之省思与启示》，见詹中原:《新公共管理——政府再造的理论与实务》，台北: 五南图书出版公司，2000 年，136 页。

7 陈天祥:《新公共管理——政府再造的理论与实践》，北京: 中国人民大学出版社，2007 年，90 页。

务。[8]非营利组织为了增加收入，必须扩展服务的范围、提高服务质量，并采用合理的方法向社区公民推销自己的服务。顾客通过选择服务提供者获得满意的服务，同时减轻了政府的相关行政监督成本，提高了公共服务的效益。非营利组织通过与社区的广泛接触，扩大了组织的志愿者、委员会成员、董事会成员和服务用户对象，以寻求社区的支持。非营利组织作为政府和社区的连接点，对市民流动和社区建设的关注与反馈在宣传公共政策的同时，在某种程度上也成为倡导公共政策转变的基础。

非营利组织介入公共管理后，分担了政府的部分职能，使政府可以以旁观者的身份审视公共管理的质量和绩效，解决了政府官僚制度臃肿的问题。非营利组织提供的多样化优质服务也为公众提供了更多的选择机会，体现了美国的自治精神。同时政府资金投放形式的转变和公民的服务自由选择权也为非营利组织的改革和发展提供了方向。

（三）新公共管理政策与美国大学非营利管理课程设置系统的负熵流

非营利组织的激增需要越来越多的专业工作人员，从而推动了大学非营利管理项目的建立。政策的转变引起非营利组织结构和服务等方面变革，同时对大学非营利管理课程提出了挑战。大学需要在课程设置中吸收新的信息和能量不断调整完善课程，培养出符合组织和社会发展需要的专门人才。

针对新公共管理政策提出的政府工作绩效化、责任化、客户服务导向、市场结果导向等改革原则，美国大学非营利管理课程设置也做了相应的吸纳与调整。鉴于政府对绩效、责任制的追求以及公共和私人捐助者对非营利组织运行责任制的压力，非营利管理的课程设置需要关注非营利项目评估和评价、筹资、非营利组织财务、会计等问题。一个非营利组织的管理者如果没有关于逻辑模型、绩效收缩和结果测评等方面的知识，他们的工作效率很难提高。[9]同时非营利组织也要考虑提供服务的价值性和预期效果，因此非营利项目评估是各高校非营利管理教育项目必须重点设置的课程。非营利领导力联盟将项目开发（包括项目设计、实施和评估）作为联盟项目培养专业人才的十大能力之一，但是非营利项目评估课在一些高校的课程设置中重视程度

8　陈天祥：《新公共管理——政府再造的理论与实践》，88页。

9　Steven Rathgeb Smith, "Changing Government Policy and Its Implications for Nonprofit Management Education", Nonprofit Management & Leadership, 2012 (7), p.37.

仍然不高，如路易斯安那州立大学什里夫波特分校的无学分非营利管理证书项目就将"项目开发与评估"列为选修课，而林登伍德大学非营利管理辅修专业项目必修和选修课程中都没有设置包含非营利项目评估内容的课程。但随着政策的变化，根据社会的需要，很多高校已经开始在课程设置中将"项目评估"类的课程列为必修课，如亚利桑那州立大学的专业主修项目就将非营利项目开发列入必修课程，并积极邀请社区相关人员参与教学，以实际项目为案例，通过多角度多人员参与的方式为项目共建评估框架，减少评估争议。除培养学生掌握非营利项目开发和评估知识与技能外，保证非营利组织运营进行筹资的课程也是美国大学开始关注的内容。非营利组织的筹资与营利性组织的资金募集有本质上的不同，非营利组织受美国税法所限制，同时享受一定的免税优势。因此高校必须在非营利筹资课程中具体讲解相关的法律、政策，和筹资的知识与技巧，保证毕业生在相关领域发挥作用。非营利组织以独立的法人出现，有独立的财务系统，非营利组织的财务管理与商业企业的财务管理方法和程序上也存在很大不同。高校在非营利组织财务管理课程中对非营利组织的财务报表、财务管理程序的详细教授使学生明晰财务管理的方法，为未来就职打下基础。

随着政府财政的削减，以及公共服务社区逐步下放，非营利组织与社区的关系越来越密切，这使得非营利组织管理在课程设置时也积极融入社区元素。如林登伍德大学非营利管理专业辅修项目中将"非营利组织和社区服务概论"列为必修课程。同样亚利桑那州立大学也依托公共服务和社区对策学院的学科优势在专业课程中设置了志愿行动和社区领导课、可持续发展社区课、社区服务行业课、社区服务的评价与评估课、包容性的社区发展课、社区发展的服务学习等课程。这些课程都根据非营利组织社区化的发展趋势而增设，保证学生们学到的知识可以真正的指导客观实践。随着非营利组织社区服务不断增加，小型非营利组织的出现也给非营利管理教育提供了新的机遇和挑战。这些社区里的小型机构通常没有经费来聘请专业的顾问或雇佣专业教育项目培养出的学生，这些组织机构的管理者一人往往兼任组织管理、财务管理、会计、资源开发等多项任务和职位，处理问题非常困难。而这种情况也为大学的实践课程开展提供了机遇，高校设置相关的服务性学习课程、研究型学习课程、实习课程或咨询研讨课程，让学生运用所学的知识帮助这些小型的社区非营利组织解决问题。在这类型的实践课程中学生的能力也会得到锻炼和切实的提高。随着高校与社区的关系日益密切，高校在进行非营利组织管理项目课程设置时也会聘请社区非营利组织管理者作为课程顾问，从行业对人才质量需求的角度对课程的结构和内容提出建议。作为全美非营利管理教育课程设置的引导者，非营利领导力联盟的附属学会——非营利领导力与管理学会每年都会举办专业讨论会，邀请行业管理者、学者、学生共同参与非营利组织问题的探讨。在加深跨界连接，丰富学生的专业知识，全面提升学生的能力的同时，也为高校进行非营利管理课程设置提供实践参考。

"倡导"是非营利组织影响公共政策和公共资源分配决策的方法，是非营利组织的重要功能之一。[10]通过倡导宣传，非营利组织可以获得当地社区的支持，向政府提出更多合埋诉求并有望获得有效解决。在充分了解公共政策的前提下，非营利组织以社区为基地对社区公民进行政策宣传，这不但有助于提升政府在民众中的声望，也有助于非营利组织理念的宣传，从而为组织寻求更多资金与捐助者。因此随着公共政策的转变以及非营利组织与社区合作关系的深入，政策倡导、跨界合作、联盟创建、利益相关者分析、特殊事件处理等课程也逐渐出现在非营利管理项目的课程设置中。

除此之外，大学在非营利管理项目的课程设置中也注意将国际案例整合到课程内容中。与美国非营利组织有相似管理环境和管理问题的发达或发展中国家的案例被大量运用的，用以开拓学生的视野，培养学生多元化、国际化的文化理解力。随着非营利组织的国际化发展，非营利管理项目也调整了培养目标和课程设置，转向关注国际非营利管理人才的培养。

美国公共政策的变化，非营利组织管理方式的转变，社会服务需求在质与量上的增长，使非营利部门呈现一种混杂式的管理方式。这种混杂的管理模式就需要一种整合式的非营利管理课程。[11]因此，为培养出符合非营利组织发展和社会发展需要的管理人才，需在项目核心课程中融入管理学、预算、筹资、经济分析、项目评估、政策倡导等内容的知识。

---

10 贾西津：《第三次改革——中国非营利部门战略研究》，北京：清华大学出版社，2005 年，164 页。

11 Saidel, J & Smith, S. R, "An Integrated Approach to Nonprofit Management Education", in The Annual Conference of the National Association of Schools of Public Affairs and Administration, Kansas City, Mo., 2011.

二、美国创新战略政策对大学非营利管理教育课程设置的影响

（一）美国创新战略（A Strategy for American Innovation）政策

2008 年，大萧条以来最严峻的一场经济危机的来临给美国政府带来了巨大的压力和挑战。2009 年是奥巴马就任总统执政的第一年，他秉承竞选时的口号"改变"（change），再一次将"创新"作为利器，对美国近年来的创新政策进行调整，推出了美国创新战略政策，欲使美国迅速走出经济危机的深渊，继续引领世界的发展。

2009 年 9 月由美国总统行政办公室、国家经济委员会、科技政策办公室联合发布报告《美国创新战略：推动可持续增长和高质量就业》（A Strategy for American Innovation: Driving Towards Sustainable Growth and Quality Jobs）（以下称为《美国创新战略》），是奥巴马上任以来对以往美国创新政策的系统归纳和对美国继续引领世界经济做出的重要战略安排。《美国创新战略》主要建立在《美国复苏与再投资法》（American Recovery and Reinvestment Act of 2009）提出的投入 1000 亿美元支持创新、教育和基础设施、以及政府新的管理和行政命令计划的基础之上。《美国创新战略》的核心内容是鼓励创新，发挥美国人民的创新潜力，促进新的就业、新企业和新产业的发展。创新战略主要包括呈金字塔型的三个部分内容[12]。（见图 3-1）

第一个部分是强化创新要素。注重国家创新基础架构的建设，加大研发投资力度和为转化创新成果提供人力、物质和技术资本的支持。主要内容有：1. 重建美国在基础研究上的领先地位。大力投资基础研发，为改善人民生活及创造未来产业进行新的探索和新的技术奠定基础。2. 培养具备新世纪知识技能的新一代人才，建设世界一流的劳动力大军。奥巴马总统提倡大幅提高幼儿园到高中的基础教学水平，扩大高教和培训规模，鼓励学生学习并从事科技、工程和数学相关领域的知识和工作。3. 建设先进的物质基础设施。大规模投资国家的道路、桥梁、运输和飞机航行网络。4. 发展先进的信息技术生态系统。为确保美国在未来技术领域继续领航，美国政府认为应为所有美国公民提供价格合理且优质的因特网服务。

第二部分是激励创新创业。主要是努力营造一个利于创业和承担风险的国家环境，确保美国公司在全球创新领域的国际竞争力。主要内容有：1. 促

---

12 张介岭：《美国以创新战略推动可持续增长》，载《经济日报》，2009 年 12 月 2 日。

进出口：美国政府将确保美国企业享有公平和开放的市场。2. 支持开放的资本市场：确保美国开放的资本市场的正常运转。3. 鼓励高增长和建立在创新基础上的企业家精神：美国政府认为欲使企业家保持活力，创造富有活力的新产业至关重要，这有助于增加就业岗位，促进经济增长。4. 改善公共部门、创新能力，支持社区创新：美国政府认为创新必须来自社会所有层面，包括美国政府本身，并承诺提高政府效率和工作水平，如增加行政开放等。

图 3-1 《美国创新战略》金字塔型内容图

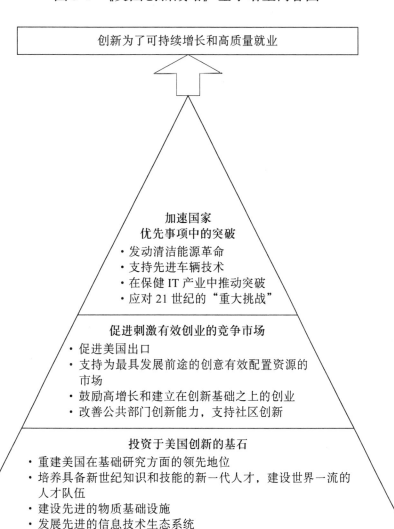

资料来源：《美国创新战略》中文版，http://www.docin.com/p-55216104.html，2015-03-12。

第三部分是催生重大突破。主要是推动国家重点项目取得突破。美国政府认为国家经济中的一些重要部门单靠市场本身不可能产生令人满意的结果，例如开放可替代能源资源、降低成本，及通过保健信息技术和生产先进车辆来改善生活等。在这些领域政府适当的介入会成为推动重点项目取得突破的重要渠道。主要内容有：1. 推动清洁能源技术的应用。美国政府计划在智能电网、能效、风能、太阳能和生物燃料等再生技术方面进行大规模投资，通过鼓励创新，创造工作岗位，促进经济增长。此外，降低对石油的依赖。2. 支持先进车辆技术。美国政府于 2009 年 8 月出台了记录电池基金，旨在推动电动汽车、生物燃料、先进燃烧的发展。3. 推动卫生保健技术创新。美国政府推出总统保健 IT 计划，推动医疗保健技术创新，在预防医学错误的同时，改善卫生保健质量，降低卫生成本，进而巩固美国在此新兴产业中的领导地位。4. 利用科技应对 21 世纪的"重大挑战"。大力推动科技发展将帮助美国树立甚至实现伟大目标。如开发出像家教一样有效的教育软件或只针对肿瘤细胞用药的智能抗癌疗法。

继 2009 年发布《美国创新战略：推动可持续增长和高质量就业》报告后，奥巴马于 2011 年 1 月 25 日发表国情咨文演讲，再次强调创新和科技进步对美国的重要性。同年 2 月，奥巴马政府再次发布《美国的创新战略：确保美国的经济增长和繁荣》（A Strategy for American Innovation-Securing Our Economic Growth and Prosperity）报告，强调创新是美国赢得未来的关键。奥巴马政府系列演讲和创新报告的发布标志着美国政府创新战略从保守主义向务实主义的转变。[13]以"金字塔型"创新体系为基础，美国政府加强了政府在创新活动中的推动和干预作用，通过激发私营部门的活力，创造政府、企业、民众合力创新的新态势，帮助美国走出 2008 年经济危机，走向更稳固、广泛和可持续的发展。

（二）社会企业（social enterprise）——一种新兴的公益创新模式

在《美国创新战略》第二部分激励创新创业中，美国政府明确提出要鼓励公共部门和社会支持创新。总统备忘录将透明、参与、合作列为政府创新的三大原则，通过向公民及时公布政府的工作信息，提高透明度，提高政府责任心，赢得美国民众的信任和支持。同时在总统预算中首次设立了 5000 万

---

13 金相郁、张换兆、林娟岚：〈美国长信战略变化的三个阶段及对中国的启示〉，载《中国科技论坛》，2012 年第 3 期。

美元的社会创新种子基金，用以支持最有发展前景、以结果为导向的非营利组织社会创新计划，并为计划的推广提供资金支持。[14]在战略报告的此部分，美国政府大力赞扬企业家精神，认为企业家对创造富有活力的新产业、促进经济增长和提高就业率有重要作用。政府在政策和资金上的支持推动了美国社会的创新和社会企业的繁荣发展。

1. 社会企业的产生

上世纪 60 年代末"社会企业"一词在美国首次被使用。在"伟大社会"（Great society）计划中，美国联邦政府投资几十亿美金用于解决贫困、教育、医疗、艺术、环境、和社区发展等问题。当时这些资金没有透过大规模官僚机构运作，而是直接进入相关领域的非营利组织，并由此产生了很多就业岗位，这种新的组织形式开始被称为"社会企业"。20 世纪 80 年代，里根政府为应对经济衰退，大幅度缩减公共福利开支和联邦资金。这一举措致使美国非营利组织失去了重要的资金来源，直接损失达 38 亿美元。伴随经济衰退和政府福利开支减少，失业、贫困、社会排斥等社会问题引发公众对公共福利的强烈需求。政府在承受巨大压力的同时，理念也逐渐发生转变。企业被认为是效率和创新能力的代表，于是一种以企业家的精神，运用商业企业模式运作为社会提供福利，为失业者提供工作岗位，为边际群体提供帮助的新型组织形式在美国蓬勃发展起来。这种新的组织形式和经济形态被称为"社会企业"或"社会企业家精神"（social entrepreneurship）。

2. 社会企业的多元化组织形式和主要特征

美国学界对社会企业的定义多种多样，大致可分为：具有社会责任感的企业，即非营利组织的商业化，是一种介于非营利组织和商业企业之间的混合组合形态。美国社会企业联盟将社会企业定义为：以公共利益为目标的企业，运用市场力量和商业原则促进社会、环境、人类正义的发展。[15]根据美国现实情况来看，社会企业是一种在各州公司法律框架下设立的特殊企业形态，较一般企业有更高的社会目标、透明度与问责机制要求。社会企业具有非营利组织所不具备的商业逻辑和优势，可以超越非营利组织主要依靠捐赠所带来的资金不稳定和局限性，且不受利益不分配的限制，从而驱使利益双方更积极、可持续的合作发展。虽然社会企业不能因为其社会责任原则而被

14　饶锦兴：〈美国慈善事业发展印象〉，载《社团管理研究》，2011 年第 1 期。

15　潘娜：《美国社会企业的创新态势》，载《中国社会报》，2014 年 8 月 11 日。

视为非营利组织，享受税收减免资格或其他税收优惠政策。但美国在州层面通过立法或法律修订将社会企业与一般企业进行区别，使其能够获得更多的社会信赖和支持资源。概言之，美国的社会企业通常被认为是一个关注"社会目标"和"经济目标"双重底线的混合型组织，其结构是多元化的[16]：

（1）"低利润有限责任公司"（Low-profit limited liability company or "L3C"）。2008 年开始佛蒙特州、伊利诺伊州、密歇根州等 8 个州创制了"低利润有限责任公司"。L3C 是一个商业实体（business entity），以追求慈善为使命，公司利润可以分配给投资者，但利润本身不作为第一重要目的。一般来说 L3C 的投资回报率低于 5%，资金主要来源于私人基金会的"项目相关投资"（Program-related investments，PRIs）。

（2）"受益公司"（Benefit Corporation）。2011 年 3 月，马里兰州和佛蒙特州通过立法创建了一种新的社会企业实体——"受益公司"。"受益公司"与传统企业相比有三点不同：公司的目的之一在于对积极的社会和环境有实质性影响；考虑员工、社区和环境的利益，扩大问责任制；公司每年公布整体社会和环境绩效，并接受第三方标准加以评估。

（3）"灵活目的公司"（Flexible Purpose Corporations，FPC）。2011 年加利福尼亚州颁布"2011 公司灵活性法案"（The Corporate Flexibility Act of 2011），创建了一种新的公司形式。它允许公司将一种或多种慈善使命与传统的营利哲学相结合。"灵活目的公司"在法律上有更大的灵活性，它不被要求将慈善目标至于利润目标之上，且 FPC 的年度报告不需要接受第三方评估，但是需要将年度报告提交给所有股东，并需对公司章程中的特殊使命及实施情况进行讨论说明。

（4）"社会目的公司"（Social Purpose Corporation，SPC）。"社会目的公司"是华盛顿州于 2012 年 6 月开始实施的一种公司形式。该公司允许在追求一个或更多社会和环境目的同时为股东创造经济价值。华盛顿立法机构在法律上默许"社会目的公司"考虑社会目标，但不要求董事及高级管理者每次做决策时都考虑社会目标。它保护董事或高级职员在做出致力于社会目的的有限决策后免受股东的起诉，且不要求公司采用第三方评估其社会贡献，只要求社会目的公司在自己的网站上公布年度进展报告。这样做既保证了对

---

16 徐君：〈社会企业组织形式的多元化安排：美国的实践及启示〉，载《中国行政管理》，2012 年第 10 期。

公司责任性的监管又使公司具有更大的灵活性来满足自身发展的需要。

这些社会企业虽然不享受减免税资格，但是与非营利组织和传统企业比起来具有更大的灵活性，也赢得了更多的社会信任和支持，使其品牌价值和市场影响策略有较大提升。社会企业主要有三个基本特征[17]：①企业倾向——直接为市场生产产品或者服务；②社会目标——明确的社会或环境目标，利润主要用于再投资以实现社会目标；③社会所有权——社会企业是自主性组织，其治理结构和所有权结构建立在利益相关群体参与或利益相关群体的代表人或董事参与的基础上并向利益相关方负责。

在美国，大学、研究机构、基金会等非营利组织共同构筑了社会企业的支持环境。例如，耶鲁大学的企业研究院，斯坦福大学的社会创新研究中心、哈佛大学豪泽公民社会研究中心等高校研究机构既为社会企业提供创新理论的研究，同时也是社会企业的孵化器，提供系列培训、资金、资源对社会企业创业者进行支持。斯考尔基金会（Skoll Foundation）通过社会创新基金（Social Innovation Fund，SIF）在全国范围内资助社会企业创新，阿育王基金会（Ashoka）、绿色回声（Echoing Green）等组织会不定期为社会企业、组织提供论坛、培训或资金支持。同时，社会企业的第三方认证机构非营利组织B Lab，通过认证社会企业，游说各州政府推进社会企业立法，优化社会企业发展的生态环境，帮助社会企业积累社会资本。[18]

社会企业这种新型的社会组织模式将商业企业模式和公益精神成功结合，被人们称为公益模式于公益组织形式的创新。它为美国社会的创新以及美国创新战略系统的完善做出了大胆而富有成效的探索，提高了美国人民的生活水平，推动了经济和社会的发展。

（三）美国创新战略政策与美国大学非营利管理教育课程设置系统的负熵流

奥巴马政府通过创新战略政策鼓励和支持了社会创新和企业家精神，推动了美国社会企业的创新性发展。社会企业有效结合了社会目的和经济目的，不仅解决了非营利组织收入受限等问题，还解决了政府部门相关工作效能低等现状，满足了公众对服务质和量的需求。如今，社会企业已经成为非

---

17 [美]马修·比索普、迈克尔·格林：《慈善资本主义：富人在如何拯救世界》（序言），北京：社会科学文献出版社，2011年，2-3页。

18 潘娜：《美国社会企业的创新态势》，载《中国社会报》，2014年8月11日。

营利组织可持续发展中重要组成部分。

《慈善纪事报》中的一篇文章称"社会企业"是"城里最热门的游戏和十年来最流行的词儿"。[19]因此，在美国大学非营利管理教育项目中设置社会企业家精神课和社会企业课程也成为新的风尚。米拉贝拉通过调查发现在过去的十几年间美国开设社会企业课程的项目数呈现惊人的增长。1998年，全美仅有4个项目开设"社会企业"或"社会企业家精神"课程，到了2002年和2006年，开设相关课程的项目数上升到21个和24个，而到2011年，全美已经有近100个非营利管理教育项目开设涵盖此内容的课程。[20]（见图3-2）

图3-2 开设"社会企业"和"社会企业家精神"
课程的教育项目增长情况（1998-2011）

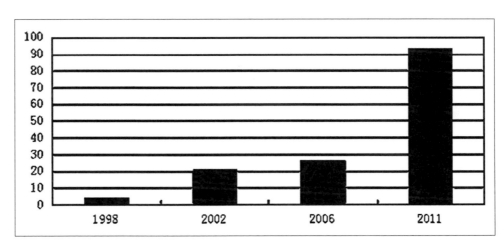

资料来源：Roseanne Mirabella & Dennis R. Young, "The Development of Education for Social Entrepreneurship and Nonprofit Management Diverging or Converging Paths?", Nonprpfit Management & Leadership, 2012 (1), p.46.

在非营利管理教育项目中开设此类课程的首要目的是通过公益创新的模式解决社会转型中的重大问题，推动社会和经济的发展。因此非营利管理教育项目将培养拥有社会企业革新、辨识机遇、组织资源能力、制定企业解决问题方案能力、和创建伦理价值能力的社会企业管理人才作为培养目标。

课程内容设置方面，路易斯安那州立大学什里夫波特分校的社会企业课

---

19 Roseanne Mirabella & Dennis R. Young, "The Development of Education for Social Entrepreneurship and Nonprofit Management Diverging or Converging Paths?", Nonprpfit Management & Leadership, 2012 (1), p.45.

20 *Ibid*., p.46.

程主要负责帮助学生了解社会企业的组成部分和特点，以及社会企业在非营利组织可持续发展中所发挥的基本价值。亚利桑那州立大学的社会企业课程要求学生对社会企业有深入的了解，包括为社会企业制定计划，并借助实践课程在当地社会企业中进行亲身实践。

米拉贝拉通过研究发现，各教育项目在课程结构和课程内容的设置上要注意依据社会企业的性质培养学生五个方面的技能：1. 市场技能，培养学生具备在市场环境下成功运作社会企业的技能；2. 政治技能，培养学生掌握与政府部门进行沟通协作的技能；3. 管理技能，培养学生具备从内部经营一个组织的普通管理技能；4. 慈善技能，这是获取慈善资源和管理志愿者所必备的；5. 领导技能，培养学生的服务型领导力价值观，为社会企业创新发展做好社会生态环境的准备。米拉贝拉通过对现有社会企业类的课程结构和内容进行深入分析，发现大部分的课程都集中在市场技能（37%）和慈善技能（34%）的培养上，对政治技能（15%）和一般管理技能（11%）的培养相对较少，而领导技能的培养所占的比例最小，仅为3%。这主要与社会企业运作的"社会目标"与"经济目标"双目标定位有关。[21]

不同学院开设的社会企业课程所关注培养的能力也不同，例如在公共政策学院，公共服务和管理等学院，课程主要关注慈善技能和政治技能的培养。商学院更关注市场技能和一般管理技能的培养。但随着项目的发展，各学院都对课程的培养能力进行了调整和平衡，商学院开设更加关注慈善技能和政治技能的培养，公共行政学院在市场技能、管理技能和领导力技能上进行相应的平衡。各教学机构共同关注学生崇高道德伦理和责任世界观的培养。以期培养出符合社会创新发展、富有时代感和综合能力较强的非营利组织管理人才。

第二节　美国大学非营利管理教育课程设置系统与市场的熵交换

伴随美国社会的不断发展，美国非营利组织的角色、组织形态、地位和生存之道也随之发生了转变。如何成功获取支持组织运营和发展的资金逐渐

---

21 Roseanne Mirabella & Dennis R. Young, "the development of education for social entrepreurship and nonprofit management diverging or converging paths?", Nonprofit Management & Leadership, 2012 (1), p.52.

成为决定非营利组织存亡的关键因素之一，因此以市场为导向的营销活动成为非营利组织日常活动中重要的组成部分。为保证不断的获取负熵流，减少因知识陈旧，课程结构不合理所带来的正熵，美国大学非营利组织教育项目的课程设置必须及时吸收市场导向下非营利组织发展所带来的物质、能量和信息，推动课程设置系统不断高级有序发展，培养出符合行业和社会发展需要的专业人才。

一、美国非营利组织发展中营销思想的流变

通过对美国非营利组织发展历史的梳理发现，美国非营利组织的社会角色经历了四个阶段的演化[22]。最早的阶段类似"自发／民众模式"（voluntary／civic model），那些政府不提供或公民个人力量无法获得的服务，主要由秉承着宗教互助思想的邻里间结成的互助组织提供。例如公民组织救火消防志愿队或帮助贫困家庭修建谷仓等。这种模式只适用于利益一致的社会或福利水平较低的社会。随着美国经济的繁荣发展，少数家族在工业革命中积聚了社会的大部分财富。出于社会责任感或"富人有罪"的宗教负罪感，这些家族发展出一套罗森鲍姆所谓的"慈善赞助模式"（philanthropic patronage），如洛克菲勒、卡耐基等家族基金会对美国主流教育文化事业的帮助功不可没。随着经济大萧条的到来，美国政府在基础设施建设和社会机构项目中投入大量资金支持，使得美国非营利组织形成一种"权利与授权模式"（right and entitlement）。很多慈善团体要求政府从公共税收中支出相应的资金以支持其开展社会服务工作。最后一个阶段就是今天美国非营利组织所处的阶段——"竞争／市场模式"（competitive／market）。非营利组织已经意识到不能再单纯的依靠民众互助、富人慷慨捐赠和政府大量资助这样传统资助形式进行运营，它们不得不将目光转向市场，寻求更稳定更长远的资助。在这个过程中，它们发现其他非营利组织也在寻求相同的资助，因此竞争成为各非营利组织的最大挑战，市场营销成为非营利组织关注的热点。非营利组织的管理者们不得不宣传自我，提供高效服务，扩大市场，不断调整战略，以谋求资助，保证组织发展。

20 世纪 70 年代末期以前，虽然部分非营利组织已经认识到运用营销理

---

22 [美]菲利普·科特勒、艾伦·R·安德里亚森：《非营利组织战略营销》，北京：中国人民大学出版社，2003 年，14-15 页。

论来实现组织使命是一种有效的途径但是却不愿意将这些活动称为营销。此时非营利组织还将营销视为一个肮脏的词，并以不沾染重商主义的铜臭味为荣。但是非营利组织逐渐意识到好的意图不能代替管理与领导，不能代替责任、绩效和成果。因此在组织管理中应用营销手段实现组织使命的思想，已经在非营利组织管理者思想中生根发芽。

学术界将营销用于非营利组织的思想起源于 1969 年至 1973 年间科特勒（Kotler）和利维（Levy）、萨尔特曼（Zaltman）以及夏皮罗（Shapiro）撰写的系列文章。他们认为"营销是一种非常普遍的社会活动，它不只是销售牙膏、肥皂和钢铁，政治竞选中候选人也像肥皂一样需要营销；学生升入大学时高等教育需要营销；筹款时'理由'需要营销，因此传统慈善领域也需要尝试新的转换，为服务、人和思想进行营销。"[23]在成本、竞争的压力下，美国社会中主要的非营利组织的领导都接受了营销的思想。于是学者们开始兴奋的扩大营销理论的研究，更深入的讨论非营利营销概念和工具的适用性。

20 世纪 80 年代末，非营利营销思想达到了成熟阶段。不同版本关于健康卫生、教育、宗教和社会问题等营销教科书相继出现。还有许多非学术型出版物对从事非营利营销者的实践经验进行了总结，其中最突出的是约翰霍普金斯大学人口信息项目（Population Information Program）关于避孕的社会营销系列报告。同时还有大批撰写文章或发表演讲的思想型实践者讨论他们将营销应用于非营利组织的经验。大批非营利营销刊物诞生，如《健康关怀营销杂志》（Journal of Health Care Marketing）、《公共政策与营销杂志》（Journal of Public Policy and Marketing）、《专业服务营销杂志》（Journal of Professional Services Marketing），涉及图书馆科学、艺术史、休闲研究、医院管理等广泛的领域的期刊都加入了营销的元素。[24]

除了出版物成果外，非营利营销已成为美国很多大学的必修课程。在营销领域，非营利营销专家不再是凤毛麟角，他们无需将自己隐藏在诸如发展部主任、教育协调员（coordinator）、联络官（liaison officer）这样的头衔之下，越来越多的非营利组织招聘营销经理以及向营销专家寻求咨询服务出现。公益营销的思想已深入人心。

---

23 [美]菲利普·科特勒、艾伦·R·安德里亚森：《非营利组织战略营销》，06 页。

24 [美]菲利普·科特勒、艾伦·R·安德里亚森：《非营利组织战略营销》，北京：中国人民大学出版社，2003 年，07 页。

二、市场导向的非营利组织营销实践

20 世纪 80 年代后期开始，在美国有几种力量共同加速了非营利组织对于营销需求，以市场为导向的营销成为非营利组织重要的日常工作。

（一）非营利组织营销实践的背景

政府补贴、企业捐赠和个人资助一直是传统非营利组织主要的经济支柱，但随着美国经济的衰退和经济危机的到来，政府缩减了直接流向非营利组织的财政支出，将资金以帮助政府解决社会问题的形式向下发放。新公共管理和美国创新战略政策的相继出台与实施，将非营利组织进一步推向自由市场。美国政府把对非营利组织的管理建立在充分竞争的基础上，这种竞争既包括非营利组织之间的竞争，也包括非营利部门和营利部门之间的竞争。面对生存之道的改变，非营利组织也在不断适应这些政策，积极运用市场营销模式为组织寻求永续发展。尤以社会企业为代表，这种跨越商业和非营利组织鸿沟的新兴组织形态更是将非营利营销运用的淋漓尽致。

诸如美国红十字会、联合之路等非营利组织丑闻的出现，以及很多组织对项目宗旨的假设和期望都没有建立在经验和理性基础之上，造成人们对非营利组织信任度的下降。同时基于公平竞争的角度，美国税法也逐渐取消非营利组织享有的过多特权或对部门特权进行了限制。例如，美国税法对非营利组织"慈善豁免原则"的废止。美国财务法和管理法开始区分同一个非营利组织开展的不同活动，所有非营利组织中的所有非相关经营活动不再享受企业所得税豁免，同时财务法和管理法开始更仔细地区分非营利组织的类型，拒绝给予特定类型的非营利组织以特殊待遇。如 1986 年《税收改革法》取消了生命和健康保险公司的税收豁免。[25]非营利组织的特权地位逐渐消失并趋向于与其他部门平等。

许多非营利组织传统的捐赠公司虽然在捐赠数额上没有变化，但随着通货膨胀和项目开展花费资金的需求，组织获得的实际支持也相对少了很多。受多方因素的影响，市场营销在非营利组织寻找影响未来前途的变革方法时扮演起越来越重要的角色。

---

25 王名、李勇、黄浩明：《美国非营利组织》，北京：社会科学文献出版社，2012 年，157 页。

（二）以市场为导向的非营利营销理论与实践

纳文（Narver）和斯莱特（Slater）认为市场导向是在准确识别顾客需求的基础上，通过比竞争对手提供更卓越价值的产品和服务，构建起竞争优势的一种组织文化。市场导向的非营利"文化观"认为市场导向作为非营利组织的组织文化应包括组织外部导向、组织内部整合和长期愿景三个方面。[26]首先，外部导向包括受益者与捐赠者、竞争者和环境导向。冈萨雷斯（Gonzalez）等人认为，受益者应居于非营利组织市场导向的中心位置。对于非营利组织来说，受益者的界定非常广泛，它包括整个组织活动过程中的所有利益相关者：顾客、捐赠者、员工、志愿者、合作机构、政府部门等等。组织的竞争者包括任何与组织活动使命相近并试图获得受益者／捐赠者注意的其他非营利组织。竞争者导向主要指组织为了了解竞争者的长处和短处而采取的相关行动。此外，组织的外部导向——环境导向主要指非营利组织应积极关注组织所面对的外部环境，变被动为主动。其次，组织的内部整合协调主要指对组织各部门、小组和成员的需求进行评估与协调，强调组织管理层的承诺并确保市场信息在整个组织内传递顺畅。最后，非营利组织的市场导向离不开长期愿景的构建，其中包括确定组织的长期使命与发展战略，与志愿者建立长期稳定的关系等。[27]（如图 3-3 所示）

冈萨雷斯认为，如要对非营利组织的市场导向进行界定还需从行为角度进行分析。"信息行为观"认为以市场为导向的非营利组织行为主要包括市场信息的收集、组织内部市场信息传递和公众满意程度的市场信息响应三方面。[28]（参见图 3-4）

美国非营利组织在市场导向理论的指导下，面对多重参与者不同的兴趣、目标和需要采取了有针对性的市场导向营销战略，以维持各群体的良好关系。对非营利组织而言，竞争对手有时也是合作资源，因此非营利组织在制定营销战略时，需将竞争对手作为自身能力和资源的补充。将外部环境转

---

26 Gonzalez. L, Vijande. M & Casiellse. R, "The market orientation concept in the private nonprofit organization domain", International Journal of Nonprofit and Voluntary Sector Marketing, 2002 (1), p.60.

27 周延风、罗文恩：〈国外非营利组织市场导向研究综述〉，载《外国经济与管理》，2007 年第 5 期。

28 胡杨成、蔡宁：〈西方非营利组织市场导向研究进展〉，载《经济问题探索》，2009 年第 1 期，179 页。

化为对自己有利的积极生态环境，合理运用市场导向的营销行为要素，实践非营利组织营销，使组织良性、持续的发展。

图 3-3 作为管理哲学和组织文化的市场导向

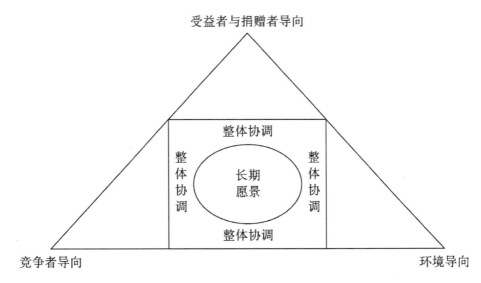

资料来源：周延风、罗文恩：〈国外非营利组织市场导向研究综述〉[J]，《外国经济与管理》，2007 年第 5 期，55 页。

图 3-4 非营利组织市场导向要素（信息行为观）

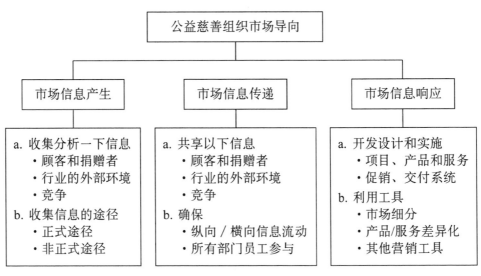

资料来源：胡杨成、蔡宁：〈西方非营利组织市场导向研究进展〉[J]，《经济问题探索》，2009 年第 1 期，179 页。

三、市场导向的非营利营销与美国大学非营利管理教育课程设置系统间的负熵流

"为什么你不能像售卖肥皂那样兜售你的兄弟情义？"这是 1952 年经济学家维贝（G. D. Wiebe）在谈论社会因素引起的无效沟通时提到的。[29]同时也是非营利组织营销专家们经常讨论的话题。作为非营利组织，伦理道德下的慈善使命始终是组织行事的基本原则和底线。在非营利组织营销过程中如何协调多重相关利益群体的需求和期望，如何利用营销手段为顾客提供服务以达成使命，是每一个组织管理者和营销人员都需考虑的。为培养非营利组织专业人才，美国高校也将这些因素纳入了非营利组织营销课程设置的考虑过程。

（一）课程设置中非营利市场营销与学生发展需要的整合

商业营销教育培养营销者具备市场分析、经济分析和管理方面的知识与能力。而作为一个非营利组织的营销人员既需要有非营利的伦理态度价值观又需要有夯实的知识与实践能力。除了学习市场、经济、管理领域的知识外，他们还需掌握社会学基本理论、语言学、心理学、人类学和跨文化环境等方面的知识。[30]

交流、市场营销与公共关系是非营利领导力联盟设定的大学非营利管理教育项目毕业生需具备的十项能力之一，因此很多大学在项目课程设置中都将非营利市场营销单独设课或整合进其他课程当中。例如路易斯安那州立大学什里夫波特分校在无学分非营利管理证书项目中开设非营利营销选修课程、亚利桑那州立大学的非营利领导力与管理专业主修项目中开设商业与非营利职业领域沟通交流的必修课程、林登伍德大学在非营利管理专业辅修项目中将市场营销列为核心课程。

各高校在设置非营利营销课程时，不仅要考虑营销知识的系统传授，同时要考虑大学生的个人发展。因此非营利领导力联盟在指导附属大学进行课程设置时，强调要根据奇克林的学生发展七向量理论对非营利营销课程内容进行安排。例如，在"能力发展"向量中设置"非营利组织和非营利营销"、

---

29 Theresa Meier Conley, "Nonprofit marketing education in the United States: an examination and interpretation of prevalence and nature of curriculum", phD diss., University of Denver, 2012.

30 Fox, K. & Kotler, P, "The marketing of social causes: The first ten years", The Journal of Marketing, 1980 (4), pp.24-33.

"法律基础／税收条目和风险管理"、"非营利营销战略和战术／目标受众复杂性"等课程，培养学生的智能、体能、动手能力和人际交往能力。依据"情绪管理"向量开设"冲突和变化管理"课程，帮助学生识别愤怒、恐惧、焦虑等情感，以及为了拥有健康幸福的情绪对不良情绪进行控制的能力。根据"从自我独立性的养成到与他人相互依存发展"向量，安排服务学习和实践课程，引导学生对自己选择的目标负责及独立自主性养成，培养学生对自己的目标充满激情和能量，不断追求自己的职业规划，个人兴趣，对人际交往和家庭关系负责任。依据"能力发展"和"成熟人际关系的发展"两个向量，开设"志愿者拓展与管理，领导力"、"捐赠、慈善家、董事会外部拓展，管理和领导力"、"团队建设"等课程，在培养学生智能、体能、动手能力、人际交往能力的基础上，培养学生对差异性容忍和欣赏的态度，以及获得亲密关系的能力。依据"发展目标"和"身份认同建立"两个向量，开设"职业和专业发展"课，引导学生制定清晰的职业规划和愿望目标，对个人兴趣和活动做出有意义的承诺，并建立强烈人际关系和对家庭的承诺。同时达到身体和外表舒适、性别与性取向统一，有社会与文化继承感，明确自我接受并对个人的角色和生活方式感到舒适、对获得他人的反馈感到安全、感到自我接受与尊重的个人发展稳定性。根据"整合发展"向量，开设"跨文化能力／多样性意识"、"伦理道德价值观"课程，在学生身份认同与发展目标建立的基础上，将人类价值、个人价值观于学生的个性化发展统一起来，使学生在尊重他人信仰的同时坚定自己的个人核心价值观和信仰（见表 3-1）。

表 3-1　美国大学根据奇克林学生发展七向量理论进行的非营利组织营销课程的设置

课程内容的主题	向　量	向量描述
非营利组织和非营利营销	能力发展	智能、体能、动手能力、人际交往能力
法律基础／税收条目，风险管理	能力发展	智能、体能、动手能力、人际交往能力
非营利营销战略和战术／目标受众复杂性	能力发展	智能、体能、动手能力、人际交往能力
筹资战术／产生资金	能力发展	智能、体能、动手能力、人际交往能力

冲突和变化管理	情绪管理	愤怒、恐惧、焦虑等情感为了情绪健康幸福所必须处理的情绪
服务学习	从自我独立性的养成到与他人相互依存发展	对自己选择的目标负责；对自己的目标充满激情和能量，不断追求自己的职业规划，个人兴趣，人际交往和家庭责任
实习课程	通过独立自主向互相依存发展	对自己选择的目标负责
志愿者拓展与管理，领导力	能力发展和成熟人际关系的发展	智能、体能、动手能力、人际交往能力；对差异性抱有容忍和欣赏的态度，有获得亲密关系的能力
捐赠、慈善家、董事会外部拓展，管理和领导力	能力发展和成熟人际关系的发展	智能、体能、动手能力、人际交往能力；对差异性抱有容忍和欣赏的态度，有获得亲密关系的能力
团队建设	能力发展和成熟人际关系的发展	智能、体能、动手能力、人际交往能力；对差异性抱有容忍和欣赏的态度，有获得亲密关系的能力
职业和专业发展	发展目标和身份认同建立	制定清晰的职业规划或愿望的目标、对个人兴趣和活动做出有意义的承诺，建立强烈人际关系和对家庭的承诺；达到身体和外表舒适、性别与性取向统一、对一种社会与文化继承感、清晰的自我接受并对个人的角色和生活方式感到舒适、感到安全、自我接受与尊重，以及个人稳定性
跨文化能力 / 多样性意识	整合发展	在身份认同与发展目标建立的基础上，将人类价值、个人价值观以及个性化发展统一起来，尊重他人信仰的同时坚定自己的个人核心价值观和信仰
伦理和价值观	整合发展	在身份认同与发展目标建立的基础上，将人类价值、个人价值观以及个性化发展统一起来。在尊重他人信仰的同时坚定自己的个人核心价值观和信仰

资料来源：Theresa Meier Conley, "Nonprofit marketing education in the United States: an examination and interpretation of prevalence and nature of curriculum", phD diss., University of Denver, 2012.

（二）美国大学非营利营销课程设置的效果及改进措施

洛夫洛克（Lovelock）和温伯格（Weinberg）认为非营利营销与商业营销最大的四点不同在于多公众、多目标、提供服务而不是实务、受公众监督。因此各大学应注意设置服务学习等实践课程，以非营利组织为教学实践基地，让学生切身参与到组织的营销活动中，在多数量多类型的实践课程中将营销知识和能力进行良好整合。

通过对美国高校开设的与非营利营销相关系列课程受关注程度的调查发现，"伦理道德价值观"、"跨文化能力"、"服务学习"、"实习"和"团队建设"等课程受到了老师和同学们的重视。[31]究其原因，伦理道德价值观是非营利组织区别于其他部门最本质的不同，理应受到重视，美国社会的多文化构成使学生意识到良好的营销策略必须具备跨文化交流的能力，而通过"服务学习"、"实习"和"团队建设"等实践课程让学生真正运用知识和技能，在能力提升上有显著感受。可见，结合学生发展的需要和非营利组织特点所设置的课程是较合理有效的。根据调查发现，商学院开设的非营利管理教育项目中非营利营销类课程最多，但因为商学院老师的研究兴趣和知识背景具有营利性倾向，且就读于商学院的学生本身并不会倾向就职于未来收入低的非营利组织，因此学生们对"非营利组织发展史"、"捐赠／慈善家拓展"、"非营利组织职业发展"等课程兴趣较低。[32]

此外，根据熵增原理，非营利营销课程设置系统内部也存在很多混乱的因素，例如本科生非营利营销课程与研究生课程相似度较大；非营利管理证书项目中非营利组织营销课程的设置较少，教师对学生理解状况缺乏关注；课程内容元素的选择和整体设计"营利性"调子过重；对非营利领域发展前沿关注度不高；对非营利营销领域术语使用不准确等。

根据此类情况，美国各大学也对营销课程的设置进行了相应的调整。在充分了解本科生发展特点的基础上，根据他们的社会经验设置营销课程内容的深度，清晰认真讲授，确保教学效果；强调学生对非营利组织发展过程的学习，使学生切实理解非营利组织在整个社会发展中的重要作用，明确非营利组织的使命和非营利市场营销的特殊性。商学院在进行非营利营销教学时，应注意该领域与传统商业营销的不同，教师准备材料和讲授知识时避免以商业营销理念掩盖非营利营销的本质和特点，营造一个非营利性的氛围。

---

31 Theresa Meier Conley, "Nonprofit marketing education in the United States: an examination and interpretation of prevalence and nature of curriculum", phD diss., University of Denver, 2012.

32 Theresa Meier Conley, "Nonprofit marketing education in the United States: an examination and interpretation of prevalence and nature of curriculum", phD diss., University of Denver, 2012.

通过规避学生的辨识混乱，提升专业学习的效果；在设置非营利营销课程时聘请行业中专业人士加入，引入非营利组织发展的最新信息，为课程设置指引方向；在课程讲授过程中注意专业词汇的正确使用，避免将非营利营销与社会营销[33]等词汇相混淆。[34]

美国各大学都在努力达到非营利营销课程设置的最佳状态，注意依据行业领域发展的前沿，在培养学生全面健康发展的条件下，对营销知识进行整合。在使学生了解非营利营销的外部环境与内部协调机制的同时，使其了解如何分析、筛选市场、经济信息，并制定营销战略，在服务学习等实践课程中进行简单的营销操作，实现知识与技能的整合，以及个人能力的全面发展。

在课程设置系统运行过程中，由于时间空间等因素的变化和教育机构、教师、学生等要素间的不断互动必然会产生正熵。为了保证美国大学非营利管理课程设置的良性发展，作为一个具有耗散结构的开放性系统，不断与外部环境中的政策、市场进行的能量、信息和物质交换有利于最大程度的获取负熵促使整个非营利管理课程设置系统向更高级有序方向发展。

---

33 任何个体、非正式组织或正式组织、营利性组织或非营利性组织都可以实施社会营销。本质上说，社会营销的目标不是为了营销某种产品或服务，而是为了影响某种社会行为（例如劝人不要吸烟，或劝人开车时速不要超过55英里）。社会营销的资助者希望社会能够发展的更好，更不仅仅是为了他们个人或者组织的利益。

34 Theresa Meier Conley, "Nonprofit marketing education in the United States: an examination and interpretation of prevalence and nature of curriculum", phD diss., University of Denver, 2012.

第四章　美国大学非营利管理教育课程设置中的竞争与协同分析

　　协同学认为，任何复杂系统都有两种运动趋向：一种是系统中各子系统或要素自发地倾向无序运动，最终使整个系统走向无序和瓦解；另一种是各子系统或要素通过关联引发协调、合作运动，最终推动整个系统向高级有序发展。复杂系统论认为，系统中大量要素因其个体差异性所导致的要素间的竞争为最终整体的协同运动进而产生引领系统前进的序参量打下基础。由此可知，复杂系统发展演进的实质是系统内部大量子系统或要素之间相互竞争、合作产生协同效应，并由产生的序参量支配系统继续运动最终形成有序结构的过程。

　　美国大学非营利管理教育课程设置系统作为社会系统中的一个复杂系统，内部各要素之间竞争与协同作用是其有序演化的动力来源，这些要素之间发生多向性、多维度的交叉渗透，使得资源充分融合与叠加，产生各部分简单综合所没有的整体功能，生发出引领系统前进的序参量。各高校在设置非营利管理课程的时候将以这些序参量作为重要参考，不断调整培养目标，更新课程结构和课程内容，保证整个课程设置系统不断向高级有序方向发展。本章将通过分析美国大学非营利管理课程设置系统发展中各主要因素间的竞争与协同运动，以及导引整个系统前进的序参量，来探究美国大学非营利管理课程设置系统演进的机制和规律。

第一节　美国大学非营利管理教育课程设置中各要素间的竞争与协同

美国大学非营利管理课程设置系统的有序发展是以相关要素或子系统相互竞争和协同作用为根本动力的。竞争与协同互相依存、相互转化，构成矛盾双方的辩证统一体。不同特性的要素和子系统间不平衡、非线性的互动就会产生竞争，而竞争又会引发彼此间的协同。本节通过分析协会组织与大学、不同院系、通识课程与专业课程、不同相关利益群体、不同类型课程和课程实施途径等要素在课程设置系统中的竞争与协同互动关系，以阐述美国大学非营利管理教育课程设置系统演进发展的动力机制。

一、协会组织与大学在非营利管理教育课程设置中的竞争与协同

美国高等教育中活跃着大量的协会组织，它们的产生是美国高等教育发展到一定阶段的产物，它们非凭空产生，也非孤立存在，它们与高等教育系统中的各大学之间存在着竞争与协同的关系，这种非平衡、非线性的相互作用成为美国高等教育系统健康发展不可或缺的一部分。非营利领导力联盟作为全美最大的非营利管理人才培养协会，它设定的非营利管理人才的培养标准和课程体系与美国各高校建构自己的课程设置系统之间存在着竞争与协同作用，这种竞争与协同运动共同推动着美国大学非营利管理教育课程设置系统的演进。

（一）非营利领导力联盟对附属大学课程设置的规范

美国高等教育协会组织种类多种多样，且数量众多，每个协会都需根据自己的组织目的来制定与设计规则，有针对高校管理的，有针对教师的，有针对教学科研的，有针对学科建设的。[1]非营利领导力联盟制定的协会规则主要是针对高校开设非营利管理教育项目课程设置的。联盟秉承着"为社会部门输送有才华、有专业准备的人才"的宗旨，将培养目标定为：为学生服务非营利组织打下基础，对学生进行非营利管理专业能力和学生个人全面发展能力的培养。并对附属大学的课程设置进行了规范：（1）联盟所有附属学校开设的非营利管理教育项目必须满足对学生十项能力的培养：掌握非营利组织运营交流的能力、市场营销与公共关系的能力、理解文化多样性的能力、

1　熊耕：《美国高等教育协会组织研究》，北京：知识产权出版社，2010年，140页。

拥有非营利组织财务资源开发与管理的能力、有非营利部门的创建与管理的能力、非营利组织治理、领导和宣传的能力、掌握非营利组织法律与伦理决策的能力、有个人与职业发展的能力、拥有非营利项目开发的能力、有非营利组织志愿者和人力资源管理的能力、拥有掌握和把握非营利部门未来的能力。各附属教育机构开设课程需与以上十项非营利管理专业能力相对应，并通过课堂讲授、工作坊、实习等不同教学形式进行实施。（2）项目所有学生实习课程的时间不少于 300 小时。（3）学生必须有领导力和社会服务实践。（4）学生必须参加最少一次联盟管理与领导力学会的活动。满足各附属大学项目培养标准及以上要求的本科生才有资格获得非营利领导力联盟颁发的国家级的非营利组织能力注册认证书，从而拥有更好的就业前景。

（二）非营利领导力联盟与附属大学间的竞争与协同

非营利领导力联盟为附属大学课程设置设立了相应规则，但规则制定出来并不意味着一个良好秩序会顺应生成。建立良好的规则最关键的是需要附属大学对这些规则的主动认同和自愿执行。在规则执行过程中存在着极大的复杂性，这就需要组织对规则实施的情况进行监督，对附属成员存在的问题进行指导和调节，发挥组织的功能，达成最终的协同效应。[2]

非营利领导力联盟附属大学数量众多，这些大学中开设非营利管理项目的具体学院不同，每个学院的使命和理念各异，学生的数量和来源背景以及背后所代表的文化均存在很大差异。这些客观存在的多样性和复杂性使各大学非营利管理教育项目的课程设置与联盟的课程设置规范之间存在着竞争性互动。非营利领导力联盟采取了多种方法合理的利用竞争所带来的机遇，将与联盟有合作关系的非营利组织的行业资源和联合专业组织的资金资源进行合理的配置，达成与各附属大学非营利管理教育项目课程设置的协同关系，共同推动大学非营利管理教育课程设置系统向高级有序发展，以不断培养出符合行业和社会发展需要的人才。

与联盟有合作关系的非营利组织为全美近 3000 万不同年龄层次的人提供服务，这些组织在美国当地议会、全国议会和各大联盟组织中都享有盛名。他们的工作岗位成为各高校修读非营利管理项目学生的重点选择对象。每一个与联盟合作的非营利组织根据其多样化的背景，为联盟附属大学的课

2　熊耕：《美国高等教育协会组织研究》，155 页。

堂教学材料、专家谈话、学生培训、奖学金资助、学生实习，以及毕业生就业提供了大量资源。联盟在协同全国大型非营利组织参与附属大学人才培养的同时，也鼓励附属大学与那些不属于联盟的当地社区草根组织加强联系与合作，为学生提供更多教学与就业的机会。

与联盟有合作关系的联合专业组织代表国内不同的利益相关者，这些利益相关者共同的目的在于提高非营利组织效力、开发非营利部门工作人员专业性、开发大学或学院成为代言少数群体或弱势群体的机构。联合专业组织为大学教学活动提供教室、为学生提供培训机会、给学生经济上的资助，以及将学者和行业人员组成专业化的智库网络，为联盟附属大学的课程设置提供高水平指导支持。

联盟除了为附属大学协调与非营利组织和联合专业组织之间的资源，还通过为附属大学老师和员工每年提供专业发展会议、无限制的咨询和辅助、实地访问指导、课程革新资助、学生奖学金、学生实习补助、制定电子邮件列表和指导手册等服务对大学非营利管理教育课程开发和管理提供服务支持。同时联盟每年组织附属大学做一次名为大学项目标准评估（Campus Program Standards Assessment，CPSA）的自我测评，附属大学可以对照这份标准评估以检验自己与表现优秀的项目之间的差别，从而调整课程设置，提高教育水平。非营利领导力联盟和各附属大学之间的竞争与协同互动不断推动大学课程设置系统的发展。

（三）非营利领导力联盟与非附属大学间的竞争与协同

尽管非营利领导力联盟拥有大量的资源优势可以为开设非营利管理教育项目的大学或学院提供支持，但是在美国仍有一些大学和学院选择不加入联盟。通过这些大学或学院与联盟在非营利管理教育项目课程设置中的竞争与协同分析，可以更好的把握整个美国大学非营利组织管理课程设置系统的发展。

根据与联盟有合作关系的非营利组织的运作领域以及联盟为附属大学教育项目提供的实践机会可以看出，非营利领导力联盟教育项目主要聚焦于对非营利部门中健康和人类服务领域管理人才的培养。密苏里大学圣路易斯分校（University of Missouri St. Louis）认为非营利领导力联盟的培养目标并不吸引它们，所以它们选择不加入联盟。密苏里大学圣路易斯分校开设的非营利管理和领导力证书项目考虑到选读该项目的学生并非每个人都想终身在非营利组织中工作，且学生们对非营利组织领域感兴趣的程度和学生原专业背景各有不同，因此密苏里大学圣路易斯分校选择将项目培养目标投向更具普遍性的非营利领域。期望通过该证书项目的学习，学生可以更深刻的理解非营利组织和志愿服务在民主社会、社区建设、社会资本和公共问题中起到的鉴别与支持作用，以及非营利组织在提供社会所需商品和服务中的作用，进而掌握非营利组织实际工作中的管理与领导力方面的知识与能力。密苏里大学圣路易斯分校非营利管理与领导力证书项目设置了 9 学分的核心课程，包括三类课程领域：（A 类）与非营利组织有关的政治、经济、社会环境观察的概述课程和管理与领导非营利组织的基础课程;（B 类)非营利组织金融管理、非营利法和员工管理课程;（C 类）慈善和经济资源发展课程。A 类概述课程的主要内容包括对非营利组织外部环境的介绍以及它们与非营利组织在社会发展中的相互作用。B 类课程的主要内容涵盖对非营利组织运营中多维度的复杂评估和相关法律政策知识、以及志愿者管理与组织方法的介绍。C 类课程内容主要包括对慈善和志愿领域的理解，以及非营利组织金融资源发展的复杂本质的介绍。

非营利领导力联盟在课程开发上的一个显著优势就是利用与美国国内高知名度非营利组织的合作关系，为附属大学的教育项目设置实践课程和学生实习提供便利。而密苏里大学圣路易斯分校经过多年开设非营利组织管理与领导力证书项目的积累，已经同当地非营利组织机构建立起了一系列稳固的联系。这些联系也为该证书项目课程设置提供了大量资源。如学校聘任当地非营利组织管理者共同参与项目的课程设置与教学，并为该项目募集基金支持。尽管密苏里大学圣路易斯分校的非营利管理与领导力证书项目在社会上得到了一定的认可，但是他们颁发的证书与非营利领导力联盟颁发的国家非营利组织能力注册认证书比起来影响力要小的多，因此密苏里大学圣路易斯分校也不得不考虑加入到联盟的证书项目中。在坚持自己的主体课程设置的同时，密苏里大学圣路易斯分校必须要设置相应的实践课程，保证学生充分的实习时间。

1998 年田纳西大学查塔努加分校（The University of Tennessee at Chattanooga）同南方基督复临大学（Southern Adventist University）和科文纳特学院（Covenant College）共同成立了东南非营利管理教育和培训中心（Southeast Nonprofit Administration Education and Training），并一同加入非营

利领导力联盟。这三所处于佐治亚西北部的大学本身的竞争力都较弱，加入全国性的专业协会组织被认为是明智之举。非营利领导力联盟除了给予他们教育项目课程设置上的指导，也为三所学校的学生们提供了参加国家级专业会议和大型非营利组织实习的机会。可惜的是，三年后田纳西大学查塔努加分校因为竞争性融资压力，没有提供该专业具有明显增值潜力的报告，未获得学校基金的继续支持，不得不退出了非营利领导力联盟。田纳西大学查塔努加分校为保证项目的正常运作及获得社会的认可，在课程上做了相应的改革。例如在专业主修项目和专业辅修项目的课程设置上更注重通识课程与专业课程的结合，并强化对学生实践课程的管理与评估。田纳西大学查塔努加分校根据学生能力基础的不同，从不同途径采用不同的方法对学生的能力进行评估，如在学生实践教学和实习中，从行业主管处获取对学生的能力评估；学校项目研究办公室根据学生提供的关于口语、书写和使用电脑能力的自我报告结合学生的表现进行综合能力评价；将可收集到的关于学生项目表现的所有信息汇入数据库与全系学生能力水平进行综合比较。学校对学生能力达标情况进行严格监控，使培养的毕业生质量获得保障，获得了行业的好评。

对于一个协会组织来说，最大的危机就是附属成员的减少。非营利领导力联盟也同样面临着这样的危机。林登伍德大学非营利管理教育的项目主管朱莉·特纳（Julie Turner）教授说："我们发现联盟提供的课程对我们项目的实质帮助不大，也没有为我们学生的发展提供太大帮助，同时还要提交会费，我们认为可以将这笔钱用在其他更有用的地方。"于是林登伍德大学选择于2013年脱离联盟。基于这一现实，联盟也在广泛寻求资金上的支持并不断调整对各附属大学课程开发上的指导以获得不断发展的活力。

通过专业协会组织与各大学在非营利组织管理课程设置过程中的互动可见，竞争与协同是整个美国大学非营利管理课程设置系统发展不变的主题。而正是这种竞争与协同的运动为课程设置系统的演进提供了内部动力。

二、不同院系在非营利管理教育课程设置中的竞争与协同

从米拉贝拉对全美大学开设非营利管理教育项目的统计研究可见，非营利管理教育项目存在于美国大学不同的学院中，这些学院包括商学院、公共事务与管理学院、社会工作学院、文理学院、体育和休闲服务学院、健康看

护和人类服务学院、农业与生活科学学院等。不同的学院根据自己独特的学科优势以及对非营利组织的理解，在课程设置上的表现各有不同。那么这些学院开设非营利管理教育的各自优势是什么？它们之间又存在着怎样的竞争与协同关系？

非营利管理领域著名的研究学者扬（Young）[3]认为开发针对非营利管理的教育项目是一件"棘手的事情（tricky business）"，因为这个项目不能被现存的任何一个学科所涵盖，它牵扯到经济学、社会学、历史、政治学和法律等，非营利组织管理跨越了现存的学科边界。因此，如何将非营利管理的内容整合进现有的课程体系中是各教育机构面对的主要困难。论者将通对社会工作学院、商学院和公共管理学院在非营利管理项目课程设置上各自特点的分析，来揭示不同学院在非营利管理教育课程设置系统演进中的竞争与协同作用。

（一）社会工作学院在非营利管理教育课程设置上的优劣势分析

社会工作学院开设的社会工作教育项目主要以培养具有崇高道德信仰，扎实的哲学、社会学、心理学、医学等相关学科知识，能够直接为案主（Client）提供专业服务，帮助案主解决问题，重塑自信，走向社会正轨的专业人才。如果追溯非营利教育的发展史，社会工作学院可以被称为非营利管理教育的"始祖"，[4]因为社会工作学院长期与非营利组织保持紧密的联系与合作，所以非营利管理领域的知识与技能早已在社会工作专业中孕育多年。因此社会工作学院设置非营利管理教育项目有很大的优势。首先社会工作教育一直保有慈善的思想与理念[5]，且已将为人类福祉服务的价值观与社会学的理念与实践操作进行了有效和高效的融合。[6]其次，社会工作学院对人才培养目标的根本标准就是高效性服务能力，这种能力同时也是非营利组织管理者所应具备的，因此与非营利管理教育的培养标准相符。[7]第三，社会工作学院教师的专

3　Young, Dennis R, "Nonprofit Studies in the University", Nonprofit World, 1988 (6), pp.35-36.

4　Young, Dennis R, "Nonprofit Studies in the University", Nonprofit World, 1988 (6), pp.35-36.

5　*Ibid.*, p.36.

6　Reid, P. Nelson & Wilma Peebles-Wilkins, "Social Work and the Liberal Arts: Renewing the Commitment", Journal of Social Work Education, 1991 (2), p.208.

7　Richard L. Edwards, "The Competing Values Approach as an Integrating Framework for the Management Curriculum", Administration in Social Work, 1987 (1), pp.1-13.

业背景（如儿童福利、精神疾病、老年学等）是非营利管理项目所需要的。[8]因此根据社会工作专业的培养目标和学科特点，社会工作学院开设非营利管理项目在课程设置上有很大的优势。

但同时在社会工作学院开设非营利管理教育最大的弊端在于，社会工作专业主要关注为受助个体提供细致高效的服务，对非营利组织进行管理不是社会工作培养的主要目标，因此社会工作学院开设的课程对管理知识和技能的培养缺乏重视，以至于非营利组织的管理者们认为社会工作学院毕业的学生不适合做管理工作，只适合在组织中做初级或中级岗位的服务组织工作。[9]

（二）商学院在非营利管理教育课程设置上的优劣势分析

商学院是以培养拥有当代商务理念和企业管理能力的经济人才为主的教育机构。最近的研究发现，随着社会的发展，营利组织与非营利组织管理之间的关系比以往任何时候都紧密，主要原因在于非营利组织的商业化运作导向，非营利组织为获得组织的发展运作资金，不断加强与商业公司的联系；同时公司为了在民众中提高形象进行产品销售等需要也注意与非营利组织结成良好的合作伙伴关系。[10]这样的发展背景使商学院开设非营利组织管理项目拥有很大优势，同时商学院教师全面的专业知识背景可以提供所有管理方面的教育。

但在商学院中开设非营利管理教育一直存在很大的争议。早在 1986 年第一次非营利组织管理会议上，西尔特（Cyert）就曾指出，非营利管理项目不应该被设置在商学院中，虽然他们有很多相同内容的课程，但两种动机完全不同的项目很难在一个学院中共存，非营利管理课程容易迷失在商业管理课程之中。[11]扬也分析了大学非营利管理和商业管理的主要不同之处：商学院中追求利益的文化充斥了所有课堂；商学院中教职员文化与非营利组织主题文化相抵触；对非营利管理感兴趣的学生与典型的商学院的学生有很大不

---

8 Van Loo, M. Frances, "Management Education of Nonprofit Professionals: The Institutional Structure", in The Nonprofit Management Education Conference, Berkeley, 1996.

9 Hoefer, Richard, "A Matter of Degree: Job Skills for Human Service Administrators", Administration in Social Work, 1993 (3), pp.9-10.

10 Young, Dennis R., "Nonprofit Management Studies in the United States: Current Developments and Future Prospects", Journal of Public Affairs Education, 1999 (1), p.18.

11 Michael O'Neill & Dennis R., "In Educating Managers of Nonprofit Organizations", New York, Praeger, 1988, pp.33-50.

同。[12]商学院培养出的学生视其他组织为竞争对手，而不是一起分享经验和资源，共同解决社会问题的合作伙伴。再者，商学院教学中很难将商业管理的技术课程转换为非营利管理技术课程。

（三）公共管理学院在非营利管理教育课程设置上的优劣势分析

公共管理学院开设的公共管理教育项目以为国家机关培养具有公共政策分析能力和公共事务管理能力的国家机构工作人员为培养目标。对于在公共管理学院设置非营利组织管理专业，扬认为非营利管理与公共管理的哲学连接比商业管理更紧密。[13]萨拉蒙[14]认为公共管理学院是最适合培养"专业化公民"的地方，这"专业化公民"自然也包括非营利组织的管理者。萨拉蒙认为公共管理学院开设非营利管理教育项目的优势在于：非营利组织与公共机构都以为公众提供公共服务为主要工作内容，因而形成了越来越紧密的连接发展，所以非营利组织的管理者可以和公共部门的管理者一起培养，无需分开；在公共管理学院设置非营利管理项目可以为学生日后求职提供更大的灵活性，因为学生在读期间很难决定最终是在政府机构还是在非营利组织机构中工作；最重要的是这两类机构有着相同的目标宗旨，它们都是以价值为本的机构，因此它们会吸引同类型有共同语言的人。这些明显的优势在开发非营利组织管理课程时更便于节省资源实现相应的培养目标。

公共管理学院开设非营利管理教育在课程设置上存在的劣势主要表现在：首先，公共管理学院在非营利管理课程传授的深度上不及商学院，在慈善价值取向的教育上不及社会工作学院。其次，与商学院类似，公共管理学院也较少提供针对非营利管理特点开设的课程，例如非营利管理项目的学生被要求学习与政府性机构管理有关的金融、个人管理、战略策划等课程，而较少有面向小型非营利管理的课程供学生选择。第三，部分学者认为非营利部门的价值、发展历史与面对的问题和公共部门仍然有所不同，所以不应该将二者放置在一起进行培养。[15]

12　Young, Dennis R., "Nonprofit Management Studies in the United States: Current Developments and Future Prospects", Journal of Public Affairs Education, 1999 (1), p.16

13　*Ibid.*, p.20.

14　Salamon, Lester M, "*Partners in Public Service: Government-Nonprofit Relations in the Modern Welfare State*", Baltimore, MD, Johns Hopkins University Press, 1995, p.143.

15　Van Loo, M. Frances, "The Future of Nonprofit Research Centers: Issues for Large

（四）不同学院在非营利管理教育课程设置发展中的协同

由此可见不同的学院开设非营利管理教育项目时根据本学院的理念和学科优势、教师配备，为学生设置的课程也是不同的。为了提高各自学院非营利管理项目的教育质量，学院也在课程方面做出了积极的调整。例如商学院除了继续保持以培养学生市场技能和管理技能为主的优势课程外，注意设置培养学生慈善能力、政治能力与领导能力的课程。公共管理学院在课程设置时充分考虑加入培养学生市场能力的课程和通用管理能力的课程。社会工作学院除了继续强调"服务性领导力"外，重点开设管理类课程，对学生的管理能力进行着力培养。在非营利管理课程设置系统中，一种"机构类质同像化（Institutional Isomorphism）"的趋势正在产生[16]——不同学院设置非营利管理课程时越来越相似化发展。与此同时，以美国印第安纳大学（Indiana University）礼来家族慈善学院（Lilly Family School of Philanthropy）为代表的专注于慈善领域研究和教育的机构也是学者们倡导的非营利管理教育未来应该归属的教学单位。礼来家族慈善学院以更关注慈善精神和理念的教育获得业界大力赞赏，慈善学院开设的慈善伦理学、慈善学概论等课程是全球开设非营利管理教育的机构重点研究的内容。

不同院系在非营利管理课程设置上的竞争与协同互动为整个美国大学非营利管理教育课程设置系统的发展提供了不竭的动力。

三、通识课程与专业课程在非营利管理教育课程设置中的竞争与协同

通识教育（general education）是大学为培养全面发展的人和国家公民，对学生进行的一种广泛的、非专业与非功利性的基本态度、知识和技能教育。[17]专业教育（professional education）是大学根据社会发展与学生发展的需要，培养学生具有未来从事某一工作领域所需知识与技能的教育。非营利部门是一个充满使命感，有着强大且复杂结构的领域。大学开设非营利管理教育，着力培养非营利组织所需的有理想、有强烈使命感，有科学指导和管理

Universities", in the ARNOVA Annual Conference, Yale University, 1992 .

16 Roseanne Mirabella & Dennis R. Young, "the development of education for social entrepreurship and nonprofit management diverging or converging paths?", Nonprofit Management &Leadership, 2012 (1), p.54.

17 李曼丽：《通识教育——一种大学教育观》，北京：清华大学出版社，1999 年，17 页。

组织运营技能的人才。同时也担负着充分开发学生智能，发展其理性、德行与精神，成为一个自由而完整的人的责任。因此在非营利管理教育课程设置中，必须通过自由教育（liberal education）在实现大学培养自由发展的人与合格公民的同时使学生具备非营利组织管理的专业能力与强大使命感。而在大学实施自由教育的过程中，通识课程与专业课程之间的竞争与协同始终存在。

（一）大学自由教育发展中的通识课程与专业课程互动

在教育思想发展史中，自由教育是最古老的一种教育思想。亚里士多德认为，"自由"就是不"鄙贱"，"任何职业、工技，凡会影响一个自由人的身体、灵魂、心理，使之降格而不复适合于善德的操修者，都属'鄙贱'。"[18]自由教育应该是自由人闲暇的追求善德的教育。相应地，教育中科目的性质也有"自由"与"鄙贱"之分，为了使受教育者适应闲暇生活所提供的普通训练的"基础科目"就是"自由"的科目，而那些只针对受教育者未来从事职业需要所提供训练的科目就是"鄙贱"的。按照亚里士多德的说法，古希腊人创造了适合自由教育的学科——"七艺"。到了文艺复兴时期，人文主义教育家继承了古希腊的自由主义教育思想，并赋予其新的涵义。韦杰里乌斯（Vergerrius，P.P）认为，所谓的自由教育，就是"一种符合自由人价值的教育，一种能唤起、训练和发展那些使人趋于高贵身心的最高才能的教育"。韦杰里乌斯将"七艺"进行改造，将历史、伦理学、雄辩术和诗歌列为基本科目。

19世纪后，自由教育的涵义有了新的变化，赫胥黎（Huxley，T.H.）将自由教育看作普通公民教育，这种教育要培养国家公民，发展他们的理性、德行，提高其修养，并为受教育者未来胜任国家和社会要求的各种职业打下基础。赫胥黎认为自由教育要对自然科学和人文学科给予同等重视。在赫胥黎和斯宾塞（Herbert Spencer）等人的努力下，自然科学在大学教育中有了一席之地，专业教育作为建立在普通教育上的一种新的教育形式，也由此产生和发展起来。大学开始围绕各学科和各专业开设相应的专业课程。随着工业革命的发展，社会分工愈发专业化，大学专业教育备受重视，越来越多的专业课程占据了大学课堂，自由教育思想逐渐被淡化。

---

18 亚里士多德：《政治学》，吴寿彭译，北京：商务印书馆，1965年，408页。

在功利主义思想主导下，大学教育日益世俗化，为获得公共资金的支持，高校丧失了自己的标准与使命，为适应市场的需求随时向学生开设各种专业课程，使高校课程体系支离破碎，学科的发展受阻。在此情境下，高等教育家们喊出回归教育本位的口号，重新对自由教育的价值进行回顾和肯定，在大学中开设一些"整体性"、"综合性"的教育课程，通识教育课程由此产生。[19]20 世纪 30 年芝加哥大学校长赫钦斯（Hutchins，R. M.）进行了一场通识教育改革，无论学生未来从事什么职业都必须学习自然科学、生物科学、人文学科和社会科学四大类知识，这为设置通识课程的内容奠定了基础。第二次世界大战后，人们希望大学能够在重建人类心灵上有所作为。哈佛大学校长柯南特（James Bryant Conant）发表《自由社会中的通识教育》报告，提出通识教育培养"完整的人"的目标。美国高等教育委员会也发表《美国民主社会中的高等教育》报告，强调通识教育是非职业化和非专业化的学习，是每一个受过教育的人都应有的共同经验。通识教育要传递给学生正确的态度与价值观，知识与能力，使学生在自由社会中美好而体面的生活，帮助学生将人类丰富的文化遗产内化为自己的个人品质，使学生不仅在思想上了解与认同民主，同时在行为上履行和捍卫民主。[20]这两份报告在美国高等教育中引起了强烈的反响，各大学在课程体系中都将通识课程作为重要的组成部分。通识教育课程的地位在培养"完人"的自由教育中得到了充分的肯定。

随着科技的进步，经济社会发展的需要，学生进入劳动力市场所需技能的重要性不断凸显，专业课程的开发在高校中愈发获得重视。自由教育再也不是传统意义上鄙视专业技能教育的单纯闲暇教育。大学自由教育将通识课程与专业课程统和起来，共同为培养自由的现代公民服务。

（二）美国大学非营利管理教育课程设置中通识课程与专业课程的竞争与协同

亚利桑那州立大学在非营利领导力与管理专业主修项目中将通识课程与专业课程进行良好的融合。亚利桑那州立大学提出要对学生在五大核心领域

19　谷建春：《通识教育与专业教育整合的理论研究》，硕士学位论文，湖南师范大学，2004 年。

20　谷建春：《通识教育与专业教育整合的理论研究》，硕士学位论文，湖南师范大学，2004 年。

（语言能力与批判性探究能力领域、数学研究领域、人文学科、艺术和设计领域、社会行为科学领域、自然科学领域）和三大意识领域（美国的文化多样性意识领域、全球意识领域和历史意识领域）进行通识教育的培养。亚利桑那州立大学公共服务和社区对策学院在非营利组织领导力与管理专业主修项目课程设置中，不仅开设英语、大学数学、历史、社会学概论、美术欣赏和创意设计、计算机、统计学、定量分析方法、心理学概论、音乐、文学哲学、宗教，科学等通识课程，基本覆盖学生在这些领域所需的知识和能力。还通过开设公共演说、非营利组织项目策划、非营利组织管理和娱乐规划与设施开发、非营利行为和社区领导力、跨文化交流元素、创建领导力技能、治疗性娱乐基础、现代社会问题、刑事司法概论、犯罪学概论、司法系统中的社区关系、经济与公共政策、领导力与转变、创建领导力技能、女同性恋、男同性恋、双性恋、变性人研究概论、压力管理工具等课程，将通识课程所需涵盖的领域与非营利组织管理所需能力培养的专业课程进行很好的融合，是美国大学非营利管理教育项目在通识课程与专业课程间良好融合的典范。

但是根据对大多数非营利管理教育项目课程设置的分析，却发现以慈善学概论、慈善伦理与道德为代表的通识教育课程所占的比例远远低于以筹款与资源开发、非营利组织人力资源为代表的专业教育课程。印地安那大学的德怀特·F·伯林盖姆（Dwight F Burlingame）教授认为这些被贴上"职业培训"标签的非营利组织管理课程应该只属于非营利管理的"底层标准"。[21] 为培养有责任感和以不断提高人类福祉为使命的非营利组织管理人才必须要提高通识课程在项目课程设置中所占的比例，以自由教育思想指导教学，培养出自由和全面发展的非营利组织管理人才，同时推动整个美国大学非营利管理教育课程设置系统更高级有序的演进。

四、相关利益群体在非营利管理教育课程设置中的竞争与协同

社会发展的需要和学生个人发展的需要决定了非营利管理课程的设置。[22] 也就是说，大学教育机构在设置非营利管理课程的时候需要充分考虑该教育

---

21 Dwight F Burlingame, "Nonprofit and Philanthropic Studies Education: The Need to Emphasize Leadership and Liberal Arts", Journal of Public Affairs Education, 2009 (3), pp.59-67.

22 Larson, R. S., Wilson, M. I. & Chung, D., "Curricular Content for Nonprofit Management Programs: The Student Perspective", Journal of Public Affairs Education, 2003 (9), pp.169-180.

项目服务的不同利益相关群体。奇尔赫特（Tschirhart）认为，与大学非营利管理课程设置利益相关的群体主要有：非营利组织管理者、准备在非营利部门就业的学生和非营利管理项目中的授课教师[23]。

（一）相关利益群体在非营利管理教育课程设置中的竞争

在非营利领域工作，从业者每天需要担当的责任在不断增加，日常工作中需面对的挑战也随时会出现，因此非营利组织的管理者和从业者希望，大学提供的非营利管理教育可以帮助他们具有拓展工作领域的技术和能力。而事实上，只有少部分刚毕业的学生具有雇主期望的关键性技术和能力。那么非营利组织管理者期待毕业生具有的能力有哪些呢？1994 年，非营利领导力联盟对六个城市的青年和人类服务领域的非营利组织执行官做了一项调查，以明确这些组织的初级工作人员所应具备的技能。研究发现，管理者更期待求职人员具有通识的技能和特质，例如书面和口头交流技能、人际关系交往技能，和积极主动性。只有一少部分人提到筹资和预算技能以及领导能力。[24]但是随着非营利组织部门环境的改变，组织管理的需要也在发生着相应的转变。如在 1994 年这次调查中被较少提到的筹资、非营利组织预算和领导力，现在却是任何非营利组织管理人员所必备的技能，也是所有非营利管理教育需开设的课程。

针对大学非营利管理教育课程设置中所应关照的技能培养范围，教师和学生却有着不同的看法。1999 年，米拉贝拉和威什[25]对美国 10 个非营利管理项目的毕业生和在读学生做了一项调查。研究发现，商学院的学生和教师更关注非营利组织内部管理能力的培养及相关课程的设置，而公共管理学院学生和教师认为非营利组织与外部沟通所需的管理技能及开设的相关课程更为重要。奇尔赫特仔细研究了印第安纳大学在非营利管理教育课程中涉猎的 32 个知识与技能领域，以及不同利益相关群体对它们的重视程度。结果发现非营利组织的管理者认为领导力、伦理道德价值观、长期规划、财务管理、组

23 Michael O'Neill & Fletcher, K, "*Nonprofit Management Education: U.S. and World Perspectives*", New York, Praeger, 1998, p.2.

24 Renz, D., "Educating and Preparing the Early-Career Professional: The Needs and Expectations of Practicing Nonprofit Executives", in The Conference on Nonprofit Management Education, Berkeley, 1996.

25 Mirabella, R. M, "University-based educational programs in nonprofit management and philanthropic studies: A ten year review and projections of future trends", Nonprofit and Voluntary Sector Quarterly, 2007 (4), pp.11-27.

织有效会议和人际交往技能非常重要。然而学生和教师对领导力、组织有效会议、冲突管理和与组织质量管理方面相关技能的重视程度排名要低于组织的管理者，比较看重计算机和软件技术的应用。学生们认为任何一个非营利组织的管理者都应该具备：理解非营利组织对社会的作用、管理公共和私人合作伙伴、个人伦理道德、用户群开发、危机管理、客户捐赠承诺、员工监管，及附加技能和知识的咨询等方面的知识与技能。拉森（Larson）等人对凯洛格基金会桥梁建设计划资助下的六个非营利管理教育项目的学生与教师进行了相似的研究。研究发现，学生和教师们将筹资和战略规划能力排在所有非营利管理能力中的最重要的位置，相应地，对筹资课程和非营利组织规划课程的重视程度最高。其它受到重视的课程包括：非营利组织治理、预算和会计、法律架构、伦理道德和价值观、评估和责任制、倡议写作、政策制定和市场营销等课程。[26]

　　由此可见，不同利益相关群体因为他们所处的客观环境不同，对非营利组织管理者所应具备知识与能力的看法也不同，造成了他们在大学非营利管理教育课程设置上的竞争互动，这些都是教育机构课程设置人员所应重视与考虑的。

（二）大学非营利管理课程设置发展中对不同利益相关群体需求的协同

　　海姆维克（Heimovic）和赫尔曼（Herman）对不同利益相关者认为的非营利组织管理者应具备的能力进行了综合分析，并将非营利组织管理者所需的能力和大学项目课程设置结合起来进行研究。[27]他们认为，非营利组织管理者在非营利组织的运营中扮演着人力资源开发者、服务提供者、创新跨界的扳手、战略规划者等四种角色。其中，前两个角色涉及到非营利组织的内部管理能力，后两个角色涉及到非营利组织的外部管理能力。大学教育机构的课程设计人员需要以能力为基础开发课程，培养与这些角色作用相关联的能力。例如"非营利组织的人力资源与开发课"就与人力资源开发者的角色相

---

26 Larson, R. S. & Wilson, M. I., "Building Bridges Initiative Cluster Evaluation: Survey of Nonprofit Management Students", http://www.centerpointinstitute.com/projects/bridges/papersreports/StudentSurvey1.htm, 2014-12-3.

27 Heimovics & Herman, R. D, "The Salient Management Skills: A Conceptual Framework for a Curriculum for Managers in Nonprofit Organizations", American Review of Public Administration, 1989 (7), pp.295-312.

关，课程内容重点关注人际关系技能，如团队成长、冲突解决、倾听和帮扶、咨询与指导方面的培养。"组织控制和生产力原理课"与服务提供者角色相关，内容涉及到信息控制和管理能力、预算和项目评估、筹资技能等方面的培养。"环境分析和组织转型课"与跨界扳手角色相关，该课程注重培养学生环境分析的能力，对社区政策和筹资场境有精妙的把握，有善于说服和公共演讲的技巧。"非营利组织战略规划要领课"与战略规划者角色相关，可以培养学生们具有战略规划和市场营销的技能。

面对社会的不断发展，非营利组织管理者所需技能的客观要求也随之变化，非营利组织领导力联盟也及时对附属大学非营利管理教育项目毕业生应具有的能力标准进行了调整。联盟于 2010 年对全美不同领域非营利组织的3200 名管理者进行了在线调查，以了解联盟设计的能力标准是否符合不断发展的业界需要。根据管理者们的反馈以及大学生身心发展的需要，非营利领导力联盟将原来划分为专业能力和基础能力的 17 种能力修订为概括性更强、更能反映当前非营利组织管理需要和学生发展需要的 10 种能力：交流、市场营销与公共关系、文化能力和多样性、财务资源的开发与管理、非营利部门的创建与管理、治理、领导和宣传、法律与伦理决策、个人与职业发展、项目开发、志愿者和人力资源管理、非营利组织部门的未来。[28]同时指导附属学校进行课程设置上的调整，以满足不同利益相关者的需要。

可见，在非营利部门这个大社会的系统中，随着部门操作环境的变化，不同利益群体的需要也发生了相应的变化。这些不同利益群体间的竞争与系统互动自然构成了大学非营利组织课程设置系统变化的动力。在课程设置系统演进中，大学非营利项目的相关设计者必须周期性地与非营利组织的从业者及学生进行接触，根据社会发展和部门发展的需要，评估从业者与学生的需要，并对非营利管理课程进行调整，为非营利部门不断提供优质人才。

五、不同类型课程和课程实施途径在非营利管理教育课程设置中的竞争与协同

大学在设置非营利组织管理课程的时候除了要考虑课程的结构与内容，不同类型的课程，如课堂讲授、专题讨论、工作坊、实践教学等，以及不同的

---

28 Marcia Jones Cross, "Nonprofit Leadership Alliance", http://wenku.baidu.com/link?url=e1Oh82YXYZax4hGJoduHJneBbHAptR7igSlIpBxtd_xGB1m8sGdNAmJX4zRb_DXdt0NRl_hvP4_X_2M1g96eqxog1-42CU8S7W4GiiWIqEC, 2015-03-07.

课程实施途径，如传统的面对面教室内授课和利用互联网等新技术进行的在线教学，也都是课程设置需要考虑的内容。

（一）不同类型的课程在非营利管理教育课程设置中的竞争与协同

非营利部门发展所需的管理能力是美国大学在非营利管理教育项目课程设置过程中的重要参考因素。能力本位的培养模式需要设置多样化的课程。以知识讲授为主的学科课程、研讨会、工作坊、团队合作、服务学习、实践课程、社团活动、毕业实习等不同类型的课程丰富了非营利管理教育的课程设置。

奇尔哈特对联盟附属大学非营利管理教育项目的课程设置进行研究发现，高级研讨会是非营利组织的管理者和学生都非常喜欢的教学形式。在非营利组织管理专业主修项目中，学校每学期都会定期安排一天的高级研讨会课程。在研讨会上，非营利组织领域的管理者和从业者、非营利组织项目的学生和老师会针对一些专业话题进行公开的讨论和演讲。各利益相关群体通过这个平台交流思想，老师和学生们从业内人士那里了解到行业发展的最新趋势和部门对学生实际能力的需求方向；组织内专业人士也可以通过教师和学生的学术研究分享，为组织的下一步发展寻求方法和途径。这种类型的课程对学生了解最新的行业知识和能力发展需要以及与行业人员保持沟通与交流起到了非常重要的作用。

在美国很多大学的非营利管理教育项目中，参加学生社团都被设置进课程体系中，尤其在非营利领导力联盟附属大学中，每所大学都成立了自己的非营利领导力学生社团，参加社团活动被设置为 1 个学分的必修课程。学生按照社团制定的活动计划进行服务性或研究性学习，参加活动策划、倡导募捐等实践活动，培养学生的实践能力。

在非营利管理教育课程设置中，各种类型的实践课程一直处于课程设置的核心地位。这些实践课程以工作坊、实地调研、实践课程、毕业实习等课程类型呈现，并通过分散与集中相结合、教师与行业人员共同指导、教育实践和讨论反馈相交互等形式贯穿于整个项目学程。学生通过这些类型课程的学习，专业知识和能力得到了充分的锻炼。

以教师讲授为主的学科课程保证了学生基本理念与知识的扎实掌握，不同类型的实践课程和活动课程为学生提供了更多锻炼的机会。不同类型的课程在学生的能力培养方面都有着各自独特的优势作用，它们互相协调合作保证了非营利管理教育课程设置系统良好的发展。

（二）不同的课程实施途径在非营利管理教育课程设置中的竞争与协同

随着信息技术的发展，在线教学成为课程实施的一种新途径。路易斯安那州立大学什里夫波特分校是全美第一个提供非营利管理证书项目在线教学的机构。在线教学有其自身独具的优势——学生可以选择任何时间、任何地点进行学习。这种优势扩展了课程的受众，使更多对非营利组织感兴趣的人可以获得专业化的教育和指导。同时学校也扩大了招生的人数，将学生选课的学费用在课程的完善和再开发上，不断为学生提供更好的教育。没有了时间和空间的阻隔，来自世界各地在非营利组织管理领域有建树的学者和有声望的领导者都可以开设在线课程，将知识和实践经验与更多对非营利组织感兴趣的人分享。这种课程的实施途径大大地丰富了非营利管理教育课程设置的结构和课程的内容，使跨国家、跨文化、跨种族的多元化教学与沟通得以真正的实现，利于学生掌握非营利组织国际化发展的知识与能力，助于非营利组织为全人类美好生活不断努力使命的实现。

马丁·特罗（Martin Trow）教授认为在信息技术的推动下高等教育课程实施途径不断发展遵循的主要脉络是：（1）全部传统课堂教学方式，到（2）传统的地点加上在线教学，到（3）在线教学加上学生与教师之间的直接联系，到（4）近乎所有的高等教育都通过在线教学形式进行。[29]

处于阶段（1）的单纯传统教学形式已经被打破，对未来第（4）阶段的预测我们还不能确知，但是第（2）和第（3）阶段已经发生在现代的高等教育中。学校可以为那些无法在校内上课的学生提供部分或全部在线课程；也可以在整个在线教学过程中，设置老师和学生交流的环节和途径。

随着互联网技术的发展，在线教学作为一种课程实施的新途径有其优势之所在，同时也存在不足之处。除了教师与学生面对面交流直观感触上的缺乏，在线课程的开发本身也需要教师具备一定的技术和知识。因此在在线教学发展过程中，传统的师生面对面教学仍是非营利管理教育课程的主要实施途径。教师需要利用互联网资源优化自己的课程内容及教学形式，为课程教学注入新的元素。可见，不同的课程实施途径优劣势间的竞争与协同为美国非营利管理教育课程设置系统提供了发展演进的动力。

---

29 马万华：《多样性与领导力——马丁·特罗论美国高等教育和研究型大学》，北京：教育科学出版社，2011 年，310 页。

第二节　美国非营利管理教育课程设置系统演化中的序参量

序参量是协同学中的核心概念，所谓序参量就是在系统演化过程中从无到有，能够指示新结构的形成，反映新结构有序程度的参量。序参量是系统内部大量子系统相互竞争、协同运动的产物，同时序参量一旦形成后又起着支配子系统的作用，主宰着系统整体演化过程。序参量的引入主要为从宏观上描述整个系统的运动状态。

在美国大学非营利管理教育课程设置系统中存在着大量的子系统和元素间的竞争与协同运动，这些子系统与元素间的相互运动必然会产生引领整个课程设置系统演化发展的序参量。本节将从对非营利领导力联盟课程设置系统序参量的产生入手，进而分析整个美国大学非营利管理教育课程设置系统产生的序参量，并以此把握美国大学非营利管理教育课程设置系统演进的机制与规律。

一、非营利领导力联盟课程设置系统中序参量的产生

美国非营利领导力联盟作为引领美国大学非营利管理教育发展的协会组织，对其课程设置系统演进中序参量产生过程的分析，便于我们理解整个美国大学非营利管理课程设置系统中产生的序参量及其对整个课程设置系统的引领作用。

非营利领导力联盟在学生发展理论的基础上，通过整合人文教育功能，形成了能力本位的目标模式。学生发展理论、人文教育和能力本位，作为非营利领导力联盟课程设置系统中的重要元素，对整个系统序参量的产生起到重要的作用。

（一）学生发展理论

非营利领导力联盟作为全美最大最有影响力的非营利管理人才教育组织，对学生的全面培养是组织的使命之一。非营利领导力联盟教育项目的课程设置理念主要基于奇克林的学生发展理论。奇克林的"七向量"模式也是非营利领导力联盟学生培养与课程设置所依据的基础。在使用奇克林理论框架的同时，联盟深切地认识到学生在整个大学生活中所面临的机遇和挑战。学生在大学生活中不断与教育项目、家庭责任、经济压力、职业选择等其他变量进行着复杂的互动。奇克林的学生发展"七向量"理论提供了一个学生

发展的概念图，用以指示学生在大学生活中现在所处的位置以及下一个发展的阶段。

根据奇克林的理论，能力发展、情绪管理、从自我独立性的养成与他人相互依存、成熟的人际关系、身份认同的建立、发展性目的、整合发展，这七个向量中的每一个向量发展速率都不同，且随时与其他向量发生着相互作用。一个学生的能力和信心从低水平向高水平发展是通过整合多种向量而达成的。当学生在发展过程中遇到障碍时，他们很可能退回到前一个向量。奇克林认为，通过教师精心的培养与设计，具有挑战性的大学生活将会帮助学生们成长的更好。[30]同时，他强调"具有强大教育力量的课程将会促进人的智能、人际交往能力、能力意识、身份认同、目标和整合性的共同发展。"[31]这正是非营利领导力联盟采用学生发展理论指导其项目课程设置的重要原因。

（二）人文教育的功能作用

人文教育在对非营利管理项目学生的培养中主要有三大功能作用[32]：（1）创造、传播、应用知识；（2）性格发展和价值识别与认同；（3）投身并忠诚于对组织和领域发展。

关于知识创造、传播与应用的功能被认为是人文教育的精髓。虽然非营利领导力联盟的使命并不是生产知识，但是联盟作为一个学术汇集中心，将学者和实践者们的研究成果和论著通过大学课程的设置与相关学术会议的举办，在学生中传播，被学生所吸收与应用。人文教育的第二个功能是关于性格和价值观的。非营利领导力联盟的学生发展理论就包括积极讨论，辨析与明确价值观。学生在课内与课外的实践中检视个人的价值观与组织的价值观。例如，上世纪 90 年代联合劝捐会发生的执行官丑闻事件，和 2000 年左右美国男童军中爆发的同性恋问题，都对非营利管理教育项目中学生的性格发展和价值识别与认同产生了挑战，教师在相应的课程中需针对此类问题对学生进行恰当的引导。人文教育的第三个功能是忠于使命。非营利领导力联盟的教育培养使用一个整体化的课程设置和实施方法帮助学生在人道主义服

---

30 Chickering, A. W. & Reisser, L, "Education and identity", San Francisco: Jossey-Bass, 1993, p. 40.

31 *Ibid.*, p. 270.

32 Ashcraft, Robert F, "Where Nonprofit Management Meets the Undergraduate Experience: American Humanics After 50 Years", Public Performance andManagement Review, 2001 (9), pp.52-53.

务中进行精神、思想与身体的整合，使学生潜力得到全面开发。同时鼓励学生对组织使命的忠诚与奉献，帮助学生规划自己未来的职业生涯。

（三）能力本位的目标培养模式

在"能力本位"还没有在学术界形成正式的概念之前，非营利领导力联盟就已经使用能力本位作为所有项目课程设置的方法论基础。在 1994 年到 1996 年的两年间，凯洛格基金会为非营利组织领导力联盟形成正式的能力本位课程设置模式进行的研究提供了资金支持。联盟通过与不同类型组织中的 200 位从业人员和相关学者的细致访谈以辨析非营利组织管理者这一特定的职业与其他相关工作群体之间相比所需能力的特殊性，并与联盟附属大学提倡的对学生相关能力的培养进行了对比，逐渐确定联盟课程设置中要涵盖的能力范围。[33]

奥尼尔认为[34]，"获取资源"和"与志愿者一起工作共达组织目标"是非营利组织的管理者与其他类型组织管理者相比最特殊的两项技能。基于对此观点的认可，联盟将"关注筹资"和"关注志愿者管理"作为附属大学教育项目能力本位教育的基本内容。

为增加非营利组织收入所开设的以培养学生具有筹资知识与筹资能力的相关课程，要求学生能够（1）论述开发筹资技能对于支持组织完成其使命的重要意义；（2）解释基金会的伦理关照和责任性；（3）计划筹资活动；（4）实施筹资行为；（5）评估筹资效果；（6）辨识可为组织提供支持的捐赠者；（7）论述可能激励捐赠者且会发生捐赠行为的因素；（8）解释获得实物支持的策略；（9）提供捐赠建议；（10）辨识捐款的技能。[35]

对管理志愿者能力的培养被统和在与人力资源开发和监管相关的课程之中。通过该类课程的学习，学生应该具备：（1）辨析鼓励个人成为志愿者为非营利组织贡献服务因素的能力；（2）明晰志愿者招募的来源；（3）解释招

---

33 Ashcraft,Robert F, "Where Nonprofit Management Meets the Undergraduate Experience: American Humanics After 50 Years", Public Performance andManagement Review, 2001 (9), p49.

34 Wish, N. & Mirabella, R, "Nonprofit management education: Current offerings and practices in university-based programs", in *Nonprofit management education: U S. and world perspectives*, ed. M. O'Neill, K. Fletcher, Westport CT, Praeger, 1998, pp.13-22.

35 Ashcraft,Robert F, "Where Nonprofit Management Meets the Undergraduate Experience: American Humanics After 50 Years", Public Performance andManagement Review, 2001 (9), p51.

募、选择、定位、训练、激励、监管、评估志愿者和认证与结束志愿行为的策略；（4）展示多样化管理的能力；（5）解释授权派遣作为一种技术在高效使用志愿人才过程中的重要性。

包括以上奥尼尔认定的非营利组织管理者特殊需要的两项能力在内，联盟经过与非营利组织管理者和附属大学教育主管们商议，最终设定了非营利组织管理人员需具备的十大能力领域：交流、市场营销与公共关系；文化能力和多样性；财务资源的开发与管理；非营利组织部门的创建与管理；治理、领导和宣传；法律与伦理决策；个人与职业发展；项目开发；志愿者和人力资源管理；非营利组织部门的未来。

联盟规定附属大学需在以上十大能力领域设置正式课程。遵照联盟课程设置的要求与指导，附属大学进行了多样化的课程设置。一些大学根据十大能力领域分别开设对应的课程，一些大学则将这些能力融入到原来的课程教学中进行重点指导。除了校内正式课程的设置，一些辅助课程的开发也为学生能力的发展提供了支持。学生通过参加学生社团组织的筹资倡导行动、田野调查、服务学习等活动对相关能力进行重点培养。满足认定能力的学生，将在毕业时获得联盟颁发的国家非营利组织管理专业注册认证书，为日后成功求职增加了砝码。

非营利领导力联盟在学生发展理论的基础上整合人文教育功能形成了能力本位的目标模式。联盟根据学生发展的需要和非营利组织发展的需要设定的十大能力领域就是非营利领导力联盟课程设置系统发展中产生的序参量，联盟课程设置中的所有子系统和元素都需要在十大能力领域的框架下进行相互作用，培养学生的能力。同时这个序参量也引领着联盟附属大学课程设置系统的高级有序演进。

二、美国大学非营利管理课程设置系统中序参量的产生

序参量是系统内部大量子系统间相互竞争、协同运动的产物。不同的元素和子系统相互作用会产生多个序参量，而这些序参量之间继续的竞争与协同作用便会产生引领整个系统发展的整体序参量。对美国大学非营利管理教育课程设置系统中不同影响因素间的竞争与协同产生的子系统序参量的分析，可以明显地看出度量整个系统运动发展的序参量。

协会组织与大学在非营利管理教育课程设置系统中的竞争与协同作用

中，联盟最终根据学生与非营利组织的发展需要，与附属大学不断研究精粹出的十大能力领域便是该课程设置子系统的序参量。开设非营利管理教育的不同院系在不断的竞争与协同互动中，各自发挥学院在课程设置上的优势，修正自身的不足，最终根据学生特点和行业需要设定的慈善能力、市场能力、政治能力、管理能力、领导能力，便是该课程设置子系统的序参量。在大学非营利管理教育课程设置系统中通识课程与专业课程间的竞争与协同，发展出既具有道德、有欣赏美、辨别善恶，使个人精神、心理、身体和谐发展的能力，又具有非营利部门和社会可持续发展所需要的能力，作为该课程设置子系统的序参量。这种结合个人自由发展能力与专业需要能力的综合能力便是该系统的序参量。不同相关利益群体在课程设置中的相互竞争与协同产生的融合非营利组织管理者、学生、教师认定的非营利组织管理人才所需的能力范畴便是该课程设置子系统的序参量。不同类型课程和不同的课程实施途径在课程设置中的竞争与协同都以合理有效培养学生具备项目培养目标设定的相关能力作为此课程设置子系统的序参量。

　　综观美国大学非营利管理教育课程设置系统中各子系统运动所产生的多个序参量，这些序参量相互间的竞争与协同都遵循以学生个体自由全面发展所需的能力和非营利组织发展所需的专业能力为课程设置的核心。这个能力本位的培养目标就是整个美国大学非营利管理教育课程设置系统发展的序参量。随着社会的发展，非营利组织运营所需的能力和学生个体发展所需的能力都将不断变化，而美国大学非营利管理教育课程设置将与这些变化保持着正相关的发展。不同要素和子系统间的竞争与协同成为美国大学非营利管理教育课程设置系统前进的推动力，而能力本位培养目标支配着整个美国大学非营利管理教育课程设置系统演进的方向。

第五章　结论与思考

本章是对美国大学非营利管理教育课程设置相关研究的总结，和基于中国大学非营利管理教育课程设置的现状做的进一步思考。

第一节　结论

美国有着独特的慈善文化传统和根深蒂固的结社精神与丰富的结社生态，是现代非营利组织起步较早，非营利部门较为发达的国家。因为非营利组织本身特殊的使命和特殊的税法地位与限制，必须要通过高校开设特定的教育项目，对课程进行特殊设置以培养非营利组织运营发展所需的专业管理人才。美国新公共管理政策和创新发展战略政策对美国非营利组织管理方式转变的影响，以及强烈的市场导向下美国非营利组织对市场营销策略的使用；协会组织、大学、院系、课程类型、相关利益群体、课程实施途径等多要素相互间的竞争与协同运动，都从外部与内部对美国大学非营利管理教育课程设置系统的发展产生了影响与推动作用。通过对美国大学非营利管理教育课程设置的研究，本文得出了以下结论：美国大学非营利管理教育课程设置系统演进的外部条件是寻求与政策和市场间的负熵流；美国大学非营利管理教育课程设置系统演进的内部动力是能力本位的培养目标；美国大学非营利管理教育课程设置具有"实践取向"特征；美国大学非营利管理教育课程设置的根本要求是有效融合通识课程与专业课程。

一、美国大学非营利管理教育课程设置系统演进的外部条件是寻求与政策和市场间的负熵流

　　美国大学非营利组织课程设置系统作为一个耗散结构的开放系统，通过美国非营利组织与美国公共政策和市场的互动，从中不断获得物质、能量和信息的负熵流，追求课程设置系统发展的最大负熵，以保证课程设置系统高级有序的演进。在美国新公共管理政策的影响下，美国非营利组织失去了政府资金上的直接支持，不得不面对自由市场环境中与其他非营利组织或营利性组织和机构的公平竞争。在新公共管理政策强调政府绩效、责任化、顾客服务导向、市场导向的指引下，非营利组织不断调整着自己的运营模式。非营利组织不再以政府慈善拨款为主要收入，而是对政府招标计划进行积极分析，对自己的项目进行专业评估和规划，提出合理预算，赢得政府的计划经费，提高政府和组织的共同绩效。同时非营利组织不断扩大服务范围，提高服务质量，在社区中推销自己的服务，在做到以客户服务为导向实施项目获取资金的目标下，争取到社区和公民的大力支持。与社区的紧密联系不但会给非营利组织带来资金上的支持，对非营利组织实施倡导功能，在政府政策中诉求自己的利益也起到了重要的作用。非营利组织为募集到更多的资金，面对政府、公共捐助者或是私人捐助者，非营利组织必须及时准确的公开财务报表，保证组织运行的透明化，对捐赠者负责。针对美国政策的变化所带来的物质、能量与信息，美国大学在非营利组织管理课程设置时将项目评估与评价、筹资、非营利组织财务管理、非营利组织会计、政策倡导等内容列入课程，对学生进行专业知识的培养。并通过服务学习、实践教学、学术讨论等课程帮助学生将理论与实践充分地融合。奥巴马政府上台后，美国创新战略政策的建立对非营利组织提出了创新发展的新要求，社会企业作为一种新兴的公益创新形式应运而生。社会企业在与政府政策、法律的博弈中逐渐形成自己不同的运营形态，在实现企业公益使命的同时也获取了可观的经济收入，为组织提供了稳定的资金保证。随着社会企业这种新兴的公益创新形式获得美国各级政府和公众的认可，美国大学非营利管理教育课程设置系统及时捕捉部门发展动向，短短十几年间社会企业课程的开设数量实现了惊人的增长。社会企业和社会企业家精神课程的开设既完善了非营利管理教育的课程体系，同时也充实了学生的能力结构，促进学生对市场技能、政治技能、管理技能、慈善技能、领导技能的综合掌握，以创造性地应对未来非营利组

织管理的时代挑战。

随着美国公共政策的改变和美国经济阶段性低迷的影响，非营利组织获得的传统支持明显减弱。面对美国强大的经济市场优势，非营利组织为了与营利组织或其他同类型组织的竞争，获得生存与发展，不断调整观念与思路，从商业市场营销中借鉴成功经验。在使命为本的原则下，以市场为导向，积极运用非营利组织营销战略。非营利组织市场营销不单为非营利组织运营提供了资金上的保障，同时以市场为导向的营销也促使组织更科学的评估项目，为公众提供更高效优质的服务。在市场营销过程中，非营利组织加强了与社会多元化利益群体的交流，为组织自我形象的宣传和获得更大的政策与资金支持寻求了新的途径。随着非营利营销思想被行业所认可，学界也加大了对该领域的研究，美国大学非营利管理课程设置系统及时地将非营利营销的相关内容纳入到课程设置中，不断接受市场带来的物质、能量和信息的负熵流。与大学生人格发展的七个向量相结合，开设了非营利组织营销、风险管理、筹资战术、团队建设、人际交往等相关课程，使大学生的个体发展和专业能力得到共同提升。

美国大学非营利管理课程设置系统通过与系统外部环境中政策与市场的相互作用，根据学生发展的需要和非营利组织发展的需要调整课程设置，为课程设置系统寻求最大的负熵，从而推动整个美国大学非营利管理教育课程设置系统的高级有序演进。

二、美国大学非营利管理教育课程设置系统演进的内部动力是能力本位的培养目标

能力是一个全方位的概念，它包含一个自然人所应具备的一般认知能力、社交能力、实践能力、超越环境的能力；和人从事特定的职业劳动应具备的特殊专业技术能力；以及一个社会人为个人、社会的发展和全人类的幸福做出不断贡献的能力。[1]

美国大学开设非营利管理教育项目，其目标就是培养具有非营利管理专业技能，立志为社会健康、安全、可持续的发展贡献力量的全面发展人才。非营利领导力联盟作为美国最大的非营利管理教育协会，经过与合作的非营

1　韩庆祥:〈能力本位论与 21 世纪中国的发展〉，载《北京大学学报（哲学社会科学版）》，1996 年第 5 期。

利组织、大学的广泛调研与持续探讨，最终确定大学非营利管理教育要培养学生十大领域的能力。综合而言，联盟强调设置大学课程时要考虑对学生交流、市场营销与公共关系能力的培养；使学生拥有文化理解能力和对文化多样性的包容力；掌握非营利组织财务资源开发与管理的能力；拥有创建、管理、治理与宣传非营利组织的能力；具备理解非营利组织相关法律与伦理要求并合理决策的能力；有开发非营利组织运营项目、管理志愿者和受薪员工的能力；具备合理规划个人职业发展和非营利组织未来发展的能力。除了协会组织为大学非营利管理教育设定了能力本位的培养目标，各大学的具体实施单位也同样经过长期的实践和总结，设定了各自项目的培养目标。例如以社会工作学院、商学院、公共事务管理学院为代表的开设非营利管理教育项目的学院在课程设置和教学过程中，经过不断的反思与探索，在非营利组织管理人才的培养目标上形成了异质同像化的发展认同。它们共同以慈善能力、市场能力、政治能力、管理能力、领导能力作为项目的培养目标。

除了非营利组织管理所需的专业能力，大学生健全人格发展所需的能力也是非营利管理教育课程设置考虑的重点内容。课程设置要关注培养学生智能、体能、动手能力；情绪管理能力；自我独立性养成能力；与他人交流相互依存发展的能力；个人身份认同建立的能力，将个人发展目标与为人类服务价值观相整合等综合能力。

在能力本位培养目标的推动下，美国大学非营利管理教育在课程设置时将通识教育与专业教育充分融合，培养学生既具有个人精神、心理、身体、价值观全面发展的能力，又具有非营利部门和社会可持续发展所需要的能力。进行以实践为导向的课程设置，通过课堂讲授、研讨会、工作坊、社团活动、服务学习、实践实习等课程，将非营利组织管理的理论与实践相结合，培养学生具有批判性思考的认知能力和解决生活中实际问题的实践能力以及管理非营利组织的专业基本技能。

美国大学在对非营利管理教育项目进行课程设置的过程中，不同元素和子系统间相互的竞争与协同，发展出的序参量——能力本位培养目标是推动整个美国非营利管理教育课程设置系统发展演进的内在动力。随着社会的不断发展与变化，非营利组织运营所需的能力和学生个体充分发展所需的能力在内容和范围上都将不断的丰富与扩展，课程设置的发展始终与相关能力的发展保持积极的正相关，能力为本位的培养目标将会不断支配着课程设置系统向高级有序的方向演进。

三、美国大学非营利管理教育课程设置具有"实践取向"特征

"实践取向"是一种价值倾向，是指美国大学在设置非营利管理课程的时候所显现出的一种价值倾向性。实践是在理论指导下的实践，并不是单纯简单的技能操作，它是目的与规律的统一，理论与实践的统一。[2]非营利管理教育具有明显的职业指向性，因此美国大学在课程设置时注意对学生所需专业能力的实践关照，立足学生已有的社会和学习经验，通过开设非营利组织管理概论、筹资、非营利市场营销、非营利组织项目策划与评估、志愿者管理、政策倡导、高级研讨会等课程，帮助学生构建实践知识，形成基本的实践智慧。通过开设工作坊、实践课程、田野调查、服务学习、研究性学习、社团活动、实习等课程，使学生在非营利部门真实的场景中积累经验，对非营利管理的实践理论进行深层次的活化，切实培养专业能力与实践品格。

在美国大学非营利管理教育设置的众多课程中，不只有教师与学生双主体的存在，而是多方相关利益群体的共同参与。非营利部门的学者和管理者直接参与大学课程目标的厘定及课程体系的设置过程。在学校开设的工作坊、讨论会、实践课程、毕业实习等课程中，非营利组织的管理者与高校教师一起对学生的实践学习进行指导，辅助学生更好的理解非营利组织管理所需的知识，扎实的掌握专业的管理技能。在美国大学非营利管理教育课程设置中，对于学生的实践课程有着严格的时间和学分规定，这保证了学生将理论知识与实践操作相统一的可能性。美国大学非营利管理教育课程设置以非营利组织所需的"实践"能力为导向，在课程类型、课程数量、课程实施与课程效果上都力求对学生进行专业素养和实践操作能力的培养，具有明显"实践取向"的课程设置特征。

四、美国大学非营利管理教育课程设置的根本要求是有效融合通识课程与专业课程

非营利部门是有着强大使命感的部门，它们为人类的公共利益提供志愿服务，以促进全人类福祉的不断提高为最高使命。非营利组织使命的特殊性对美国大学非营利管理教育课程设置提出了内在要求。对非营利组织管理人才

---

2 陈威：《"实践取向"小学教育专业课程设置研究》，博士学位论文，东北师范大学，2013年。

进行培养必须要通过通识教育以促进学生精神、思想、身体上的健康发展，使他们具有独立思辨与分析判断的能力，从而形成正确的人生观和价值观，树立为人类社会进步而努力的理想。美国大学非营利管理教育各实施机构通过设置包括人文学科、社会科学、自然科学、艺术、语言工具学科等学科知识和能力培养为基础的通识课程，在使学生具备宽厚的知识基础上，促进学生主体意识的觉醒，并使他们能够意识到文化的多样性，能够从全球和历史的视角思考问题，拥有更大的宽容度和包容性。可以将人类文明溶入创新性的时代发展之中，与他人协同建立未来社会的新秩序与新价值。同时，作为一个符合非营利组织发展需要的管理人才，需要具备专业的知识、专业的能力和专业的素质。就如同管理学大师彼得·德鲁克所架构的非营利管理涵盖的内容那样，美国大学在设置非营利管理课程的时候根据学生未来就业领域的需要，有针对性的设置如慈善学概论、非营利市场营销、项目策划与评估、志愿者管理、筹资、人力资源管理等专业课程，培养学生具备明确组织的使命；掌握非营利市场营销的知识与能力；为组织创新发展和基金会的发展采用有效的战略；拥有对组织项目进行绩效管理，开发人力资源和社会关系网络的知识与能力，并在组织管理的过程中不断形成和发展个人的专业素质。

通识课程与专业课程互相依托，相互补足，共同构成对人全面发展的自由教育的主要内容。罗伯特·L·佩顿在《慈善的意义与使命》一书中提到，自由教育源自"教育是为培养有责任感的公民和缔造良好生活"的经典概念。[3]自由教育这一经典概念恰恰与非营利组织的使命与任务相契合，因此将通识课程与专业课程有效的融合形成的自由教育有利于学生个体的全面发展，在掌握非营利组织管理所需专业能力的同时，产生对非营利组织使命的强烈认同感。

第二节　思考

2019年，中国登记的社会组织数量86.7万个，民办非企业单位48.7万多个，基金会7580个，社会团体37.2万多个。非营利组织整体实力不断提升，已成为政府服务的重要承接者、政府政策的重要倡导和执行者，是中国

3　[美]罗伯特·L·佩顿、迈克尔·P·穆迪：《慈善的意义与使命》，郭烁译，北京：中国劳动社会保障出版社，2013年，205页。

社会主义现代化建设的重要力量。2013年，社会组织人才培训位列中央财政对社会组织和社会服务进行支持的四类项目之一，高校学历项目列为重点实施内容。[4]我国高校开始加紧研究非营利组织人才培养项目，以完善我国高等教育体系，为社会组织和社会发展提供人才储备。本节在分析中国大学非营利管理教育课程设置现状的基础上，结合美国的相关经验，对我国高校非营利管理教育课程设置作以相关思考。

一、中国大学非营利管理教育的发展历程

从20世纪80年代全球化开始至今30多年的时间里，由于先前国弱民穷的基础，"发展"一直成为中国最强劲的关键词。自1992年以来，以市场为导向的改革直接推动了中国经济的崛起，2001年中国加入WTO，标志着中国经济转型框架基本形成，作为市场体系国家得到国际社会的认可。随着中国从计划经济向市场经济的迅速转型，中国社会也悄然发生了快速转型。中国从乡土社会转为市场社会的同时也从过去的总体性社会转变为以平等为前提的多元社会，大力发展社会服务成为中国社会发展的迫切需要，[5]而非营利组织作为提供满足不同人群所需社会服务的主要载体，取得了快速的发展。在中国的公益事业和非营利组织产生一定社会效益的同时，频繁曝出的慈善纠纷和慈善丑闻也使得非营利组织的合法性与合理性以及非营利组织管理人员的专业素质和能力受到多方质疑和拷问，而我国专业公益人才培养的滞后已成为制约中国公益事业发展的瓶颈。为推动我国公益慈善事业的发展，加快非营利组织管理专业人才的培养，民政部在2005年发布的《中国慈善事业发展指导纲要（2006-2010年）》中正式提出，要"大力推动有条件的大专院校设立相关专业，培养慈善工作专门人才，为社会输送具有专业知识的慈善工作者"。[6]在2011年发布的《中国慈善事业发展指导纲要（2011-2015年）》中，民政部进一步提出"要加快慈善专业人才培养工作，依托高等院校、科研机构和大型公益慈善组织，加快培养慈善事业发展急需的理论研究人才、高级管理人才、项目运作人才、专业服务人才、宣传推广人才等"。2016年

4　王振耀：《现代慈善与社会治理》，北京：社会科学文献出版社，2014年，81-85页。

5　王振耀：《现代慈善与社会治理》，北京：社会科学文献出版社，2014年，01页。

6　民政部：《中国慈善事业发展指导纲要（2006-2010年）》，http://cszh.mca.gov.cn/article/zcfg/200804/20080400013553.shtml，2015-03-11。

9 月正式实施的《慈善法》第八十八条明确提出"国家鼓励高等学校培养慈善专业人才，支持高等学校和科研机构开展慈善理论研究"。[7]中国高等教育承载着培养非营利组织管理专业人才的期望与责任。

中国公益高等教育最早可以追溯到 1998 年清华大学公共管理学院 NGO研究所的成立，[8]清华大学 NGO 研究所主要以培养适合于各类非政府组织的高级公共管理人才，带动中国非政府公共部门的理论研究，促进相关公共政策制定的科学化，帮助各类 NGO 开展能力建设为使命。2009 年，我国全日制非营利管理专业方向的硕士生和博士生项目开始正式招生。至今，我国高校开设非营利组织管理专业方向的教育项目仍多集中于硕士和博士阶段，尤以 MPA 培养居多。[9]例如，北京师范大学开设的非营利组织管理专业方向博士生教育项目，清华大学开设的公民社会与治理博士、硕士生教育项目，中国人民大学开设的公益基金会高级管理 MPA 教育项目，北京大学开设的非营利与公共事业管理 MPA 项目，北京师范大学、北京航空航天大学、华北电力大学、湖南大学、中南大学、中山大学等高校都有非营利组织管理相关专业方向的 MPA 项目。2012 年 5 月由上海宋庆龄基金会、基金会中心网和北师大珠海分校三方合作建立的北师大珠海分校宋庆龄公益慈善教育中心成立，并于当年 9 月面向北师大珠海分校全校大三学生跨专业开设公益慈善事业管理专业方向教育项目，成为我国首个非营利组织管理本科层次教育项目。2014年 4 月，中国华侨公益基金会、泰国正大集团、南京理工大学浦江学院合作成立"正大公益慈善学院"（后更名为"公益慈善管理学院"），并于同年 9月开设公益慈善管理专业方向本科生教育项目。2015 年 6 月，深圳大学管理学院开始依托行政管理专业，以辅修、双学位、双专业的形式开设"公益创新专才班"。2017 年 9 月，华东师范大学紫江公益慈善教育中心面向全校各年级各专业学生开设公益慈善管理的辅修教育项目。2018 年 7 月，山东工商学院开设公益慈善管理方向四年制本科教育。北京社会管理职业学院、顺德职业技术学院、广东岭南职业技术学院、广州科技贸易职业学院、长沙民政

---

7 民政部：《中国慈善事业发展指导纲要（2011-2015 年）》，http://www.mca.gov.cn/article/zwgk/mzyw/201107/20110700167556.shtml，2015-03-11。

8 北京师范大学中国公益研究院：《2011 中国公益事业年度发展报告——走向现代慈善》，北京：北京师范大学出版集团，2012 年，98 页。

9 北京师范大学中国公益研究院：《2011 中国公益事业年度发展报告——走向现代慈善》，100 页。

学院等在全国高职院校中开设有社会组织管理专业，探索专科层次的非营利组织人才培养。

经过多年发展，我国高校多层次非营利管理教育体系虽已初步建成，但整体公益高等教育仍处于缓慢发展状态。从发展规模上看，我国开设相关教育项目的高校数目较少；从专业设置上看，非营利组织管理尚未单独设置二级学科，只能作为专业方向进行人才培养；从专业课程设置上看，非营利管理教育课程基本被吸纳到不同的管理类学科中，如公共管理类、政府管理与政治学类、社会管理类和人力资源管理类，受重视程度不够，没有自己独立的学科体系。[10]

基于社会发展和非营利组织行业发展对专业人才的大量需求，作为专业人才培养主阵地的大学，其课程设置是非营利组织管理人才培养的主要载体，它承载着非营利管理教育的核心价值理念，决定着专业人才培养的方向与质量。因此课程设置成为当下大学开设非营利管理教育需重点解决的突出问题。

二、中国大学非营利管理教育课程设置的现状考察

我国高等教育体系中培养本科层次非营利组织管理人才的教育项目有：2012 年 9 月北京师范大学珠海分校开设的"公益慈善事业管理专业方向"教育项目；2014 年 9 月南京工业大学浦江学院开设的"公益慈善管理方向"全日制四年本科教育项目；2015 年 9 月深圳大学管理学院行政管理专业（公益创新专才班）双学位／辅修教育项目；2017 年 9 月华东师范大学紫江公益慈善教育中心开设的"公益慈善管理"暑期班／辅修教育项目。2018 年 7 月，山东工商学院开设"公益慈善管理方向"全日制四年本科教育。这些项目在各自的运行过程中都有其独特的特点，论者对我国现有的本科层次非营利组织管理项目的课程设置进行分析研究，以了解我国大学非营利管理教育课程设置的情况。

（一）北京师范大学珠海分校宋庆龄公益慈善教育中心辅修教育项目

北师大珠海分校宋庆龄公益慈善教育中心于 2012 年 5 月由上海宋庆龄基金会、基金会中心网和北师大珠海分校三方合作建立，在中国高校率先开

---

10 北京师范大学中国公益研究院：《2011 中国公益事业年度发展报告——走向现代慈善》，北京：北京师范大学出版集团，2012 年，99 页。

展公益慈善领域本科层次专门人才的培养，以"培养致力于让世界变得更加美好的公民和领袖"为己任，通过跨界合作、协同育人，培养公益慈善行业未来的骨干和精英。[11]

1. 公益慈善事业管理专业方向的培养目标

北京师范大学珠海分校宋庆龄公益慈善教育中心将公益慈善事业管理专业方向的培养目标定为：培养具有强烈社会责任感和坚定公益慈善理念、了解公益慈善事业发展前沿、掌握较扎实的原专业（如社会学、管理学、金融学、心理学、会计学、传播学、教育学等）理论基础、具有较强的公益慈善相关岗位实操能力，能够胜任公益慈善机构、组织、企业社会责任部门的组织管理、项目运作、专业服务、宣传推广和理论研究工作的应用复合型人才。

2. 公益慈善事业管理专业方向的项目要求

北京师范大学珠海分校公益慈善事业管理专业方向是面向全校进行的跨学院、跨专业设置项目。学生在结束大二学习后自主申请该专业方向学习，由宋庆龄公益慈善教育中心设定遴选机制进行审核，择优录取。学生原属专业不变，要求学生在修满原属专业的学科基础课、专业主干课和通识必修课学分基础上修读该专业方向课程。修满本专业方向拟定的 40 学分课程，可在学生原属专业毕业证书上注明公益慈善事业管理专业方向，或由教育中心颁发公益慈善事业管理专业方向课程修读证明。

3. 公益慈善事业管理专业方向的课程设置

公益慈善事业管理专业方向教育项目设专业必修课 22-24 学分，设专业选修课 10-11 学分，专业实践课程 10 学分。为切实加强实践性课程，课程中的实践内容和完全实践课程学分占该专业方向总学分比例不低于 40%，部分课程采取与志愿者活动相结合，公益慈善部门顶岗实习或小学期境外专题游学等形式。

（1）必修课程设置

公益慈善事业管理专业方向共设置了 21 门必修课程，包括慈善学概论、宋庆龄慈善理念与实践、慈善伦理、海外非营利组织与志愿行业概况、非营利组织管理概论、欧美慈善发展简史、公益慈善法律基础、社会创新与社会

---

11 宋庆龄公益慈善教育中心：中心简介[EB/OL]，https://ecop.bnuz.edu.cn/zxjj/zxjj.htm，2021-10-07。

企业、公益慈善组织发展与筹款、慈善教育与公民参与、中国传统文化与慈善、团队建设、公益慈善组织问责与公信力建设、公益慈善组织管理案例、公益慈善项目设计与策划、非营利组织财务管理、可持续发展与企业社会责任、公益慈善品牌建设与传播、社交礼仪与个人素质提升训练、公益慈善事务工作坊、公益慈善累计学时课程，总计38学分。具体课程及学分设置如表5-1所示：

表5-1 公益慈善事业管理专业方向必修课程及学分设置

专业方向必修课程	学 分
慈善学概论	3
宋庆龄慈善理念与实践	1
慈善伦理	2
海外非营利组织与志愿行业概况	2
非营利组织管理概论	2
欧美慈善发展简史	1.5
公益慈善法律基础	1.5
社会创新与社会企业	2
公益慈善组织发展与筹款	3
慈善教育与公民参与	1
中国传统文化与慈善	2
团队建设	1
公益慈善组织问责与公信力建设	1
公益慈善组织管理案例	1
公益慈善项目设计与策划	1
非营利组织财务管理	2
可持续发展与企业社会责任	2
公益慈善品牌建设与传播	1
社交礼仪与个人素质提升训练	1
公益慈善事务工作坊	4
公益慈善累计学时课程	3

公益慈善累计学时课程，主要针对突发事件即时组织的公益参与行动，共计3学分（每学期1学分，必修但不计入专业课总学时）。

资料来源：宋庆龄公益慈善教育中心：《公益慈善事业管理专业方向本科生培养方案》[EB/OL]，http://ecop.bnuz.edu.cn/info/1016/1078.htm，2018-09-10。

（2）备选课程设置

因为选修公益慈善事业管理专业的学生来自全校的十六个学院部，学生在原专业修读过的课程可能会有与此项目必修课有重复，因此宋庆龄公益慈善教育中心开设了六门替代课程供此部分学生选择。备选（替代）课程包括：基金会战略规划、公益慈善项目营销、公益慈善项目管理与评估、公益慈善组织人力资源管理、公益慈善组织资产管理、公益慈善公共关系管理，总计 10 个学分。具体课程及学分设置如表 5-2 所示：

表 5-2　公益慈善事业管理专业方向选修课程及学分设置

专业方向选修课程	学　分
基金会战略规划	1
公益慈善项目营销	2
公益慈善项目管理与评估	2
公益慈善组织人力资源管理	2
公益慈善组织资产管理	1
公益慈善公共关系管理	2

资料来源：宋庆龄公益慈善教育中心：《公益慈善事业管理专业方向本科生培养方案》[EB/OL]，http://ecop.bnuz.edu.cn/info/1016/1078.htm，2018-09-10。

（3）实践课程设置

宋庆龄公益慈善教育中心为突出实践教学的理念，专门设置了小学期境外实践课程、志愿者活动和专业综合实践（毕业实习）三门专业实践课程。具体课程及学分设置如表 5-3 所示：

表 5-3　公益慈善事业管理专业实践课程及学分设置

专业实践课程	学　分
小学期境外实践课程	2
志愿者活动	2
专业综合实践（毕业实习）	6

资料来源：宋庆龄公益慈善教育中心：《公益慈善事业管理专业方向本科生培养方案》[EB/OL]，http://ecop.bnuz.edu.cn/info/1016/1078.htm，2018-09-10。

（二）南京工业大学浦江学院公益慈善管理方向全日制四年本科教育项目[12]

2014年南京工业大学浦江学院在公共事业管理专业的基础上设立了公益慈善管理方向。秉承"工本位"的教育理念，该专业构建"校社合作"人才培养平台，以行业对人才知识、技能和素质的需求为导向，设置科学合理的课程体系，开展项目教学，强化实践环节，突出能力培养，全方位培养学生的专业理论素养和岗位实操技能，确保培养的人才符合社会需要且有自我职业发展前途。

1. 公益慈善管理方向的培养目标

该专业以公益慈善行业对专业人才的需求为导向，培养具有强烈的社会责任感、先进的公益慈善理念、系统的公益慈善管理知识和扎实的岗位实操技能，能够在公益慈善组织、事业单位、企业社会责任部门、相关政府部门等单位从事项目管理、资金筹集、公关传播和行政管理等工作的应用型、复合型专门人才。

2. 公益慈善管理方向的培养要求

（1）知识要求

掌握人文社科知识、公益慈善管理基础知识，如管理学、社会学、经济学、法学、公共事业管理、公共政策学、社会保障学、伦理学等方面的基础知识；掌握公益慈善管理核心知识，如公益组织内部治理和战略管理、公益项目管理和评估、筹资原理和技巧、投资理论与实务、公益营销、公益公关管理、公益传播、公益组织人力资源管理、公益组织财务管理等方面的专业知识，了解公益慈善管理理论前沿；掌握现代信息技术、社会调查方法和数据统计分析等技术和方法；掌握调研报告、项目策划书（申请书）、评估报告、新闻报道以及各类文案的写作方法。

（2）能力要求

具有公益慈善管理专业技能，如具有项目设计、实施和评估的技能、资金筹集和资金发展的技能、公益营销和公关传播的技能、人力资源管理（包括志愿者管理）的技能、拟定战略发展规划和进行内部管理的技能等；具有较强的文字写作能力、口头表达能力和社会活动能力；具有较强的计算机软

---

12 南京工业大学浦江学院公益慈善管理学院：公共事业管理[EB/OL]，http://gycs.njpji.cn/cmscontent/139.html，2021-10-07。

件应用能力，能适应"互联网＋"时代对人才信息技术运用能力的要求；熟练掌握一门外语，具备良好的听、说、读、写、译能力；具备初级社会工作师、劝募员等职业资格能力。

3. 公益慈善管理方向的培养特色

以公益慈善行业对专业人才的需求为导向，设置以公共管理类课程为主，兼顾社会学、工商管理相关课程的学科基础课程；设置以项目管理、资金筹集、公关传播和综合管理为模块的专业核心课程；设置以社会工作和专业拓展类课程为模块的专业选修课程，培养能胜任公益慈善管理工作的应用型、复合型人才。以"校社合作"为路径，实施"双师教学"，强化实践环节。安排行业专家参与专职教师的授课，安排学生到校内外实习实训基地进行认识实习、见习、综合实习和毕业实习，四年教学过程中实习实训不断线。以项目教学为手段，提升学生综合能力。在课堂授课环节采用项目教学，在实践教学环节应用项目教学，在课外活动期间组织项目教学，全面培养学生的知识运用能力，实践动手能力，创新创业能力和岗位职业能力。

4. 公益慈善管理方向核心课程

管理学原理、经济学原理、社会学概论、法学概论、政治学概论、公共事业管理概论、公益慈善管理概论、公益组织内部治理和战略管理、公益项目设计与管理、公益项目评估、筹资原理和技巧、投资理论与实务、公益组织财务管理、公益营销、公益公关管理、公益传播策略、公益组织人力资源管理等。

5. 公益慈善管理方向实践教学课程

（1）实验（实训）课

社会研究方法课程设计、公益项目设计与管理课程设计、筹资原理和技巧课程设计、公益传播策略课程设计等。

（2）集中实践教学环节

公益组织认知实习、公益组织见习、专业综合实习、毕业实习、毕业论文等。

6. 公益慈善管理方向修读标准与授予学位

标准学制四年，在规定的学习年限内完成专业培养方案中规定的全部内容，修满要求的各类课程学分，达到最低毕业学分 165 学分，准予毕业，授予管理学学士学位。

南京工业大学浦江学院公益慈善管理方向具体课程设置如下，在学科基础课程部分，该专业方向设置了包括管理学原理、社会学原理、社会保障学、公共事业管理概论、社会研究基础统计学、西方经济学、公共政策学、公益慈善管理概论、法学概论（涵公益慈善法律法规）、伦理学导论、社会心理学、社会调查原理与方法在内的 12 门课程，共计 29 学分，464 学时。见表5-4。

表 5-4　公益慈善事业管理方向学科基础课程设置

课程名称	学分	总学时	理论学时	实践学时	学期分配	考核类型
管理学原理	3	48	44	4	1	考试
社会学原理	3	48	44	4	2	考试
社会保障学	2	32	26	6	2	考试
公共事业管理概论	2	32	32	0	2	考试
社会研究基础统计学	2	32	32	0	3	考试
西方经济学	3	48	39	9	3	考试
公共政策学	2	32	26	6	3	考试
公益慈善管理概论	2	32	26	6	2	考试
法学概论（涵公益慈善法律法规）	3	48	39	9	5	考试
伦理学导论	2	32	26	6	5	考试
社会心理学	2	32	26	6	5	考试
社会调查原理与方法	3	48	39	9	4	考试
小计	29	464	397	67		

资料来源：公共事业管理（公益慈善管理方向）专业 2015 级教学计划进程表。

在专业方向学科必修课部分设置了包括公益组织内部治理和公信力建设、公益项目设计和管理、公益组织战略管理、公益项目评估、公益组织财务管理、公益组织人力资源管理、公益营销、公益公关管理、筹资原理和技巧、投资理论与实务、公益传播策略、社会工作综合能力在内的 12 门课程，共计 27 学分，432 学时。见表 5-5。

表 5-5　公益慈善事业管理方向必修课程设置

课程名称	学分	总学时	理论学时	实践学时	学期分配	考核类型
公益组织内部治理和公信力建设	2	32	26	6	3	考试
公益项目设计和管理	3	48	39	9	4	考试
公益组织战略管理	2	32	26	6	5	考试
公益项目评估	2	32	26	6	5	考试
公益组织财务管理	2	32	26	6	6	考试
公益组织人力资源管理	2	32	26	6	5	考试
公益营销	2	32	26	6	5	考试
公益公关管理	2	32	26	6	6	考试
筹资原理和技巧	3	48	39	9	6	考试
投资理论与实务	2	32	26	6	6	考试
公益传播策略	2	32	26	6	6	考试
社会工作综合能力	3	48	39	9	6	考试
小计	27	432	351	81		

资料来源：公共事业管理（公益慈善管理方向）专业 2015 级教学计划进程表。

　　公益慈善管理方向还设置了 7 门选修课，包括企业社会责任、领导科学、社会发展和社会问题、社会企业、社区治理与社区服务、社会工作实务、志愿服务管理，共计 14 学分，224 学时。见表 5-6。

表 5-6　公益慈善事业管理方向选修课程设置

课程名称	学分	总学时	理论学时	实践学时	学期分配	考核类型
企业社会责任	2	32	26	6	6	考查
领导科学	2	32	26	6	5	考查
社会发展和社会问题	2	32	26	6	6	考查
社会企业	2	32	26	6	7	考查
社区治理与社区服务	2	32	26	6	7	考查
社会工作实务	2	32	26	6	7	考查
志愿服务管理	2	32	32	0	7	考查
小计	14	224	188	36		

资料来源：公共事业管理（公益慈善管理方向）专业 2015 级教学计划进程表。

在专业拓展课部分，该专业方向共设置了包括困难群体救助工作机制、会展策划与组织、公益慈善理论前沿、社会创业、管理信息系统、演讲与口才在内的 10 学分 6 门课程，学生只需选修其中的 3 门即可达到要求。见表5-7。

表 5-7 公益慈善事业管理方向专业拓展课程设置

课程名称	学分	总学时	理论学时	实践学时	学期分配	考核类型
困难群体救助工作机制	10（可6选3）	16	16		7	考查
会展策划与组织		32	26	6	7	考查
公益慈善理论前沿		16	16		7	考查
社会创业		32	32		7	考查
管理信息系统		32	32		7	考查
演讲与口才		32	32		7	考查

资料来源：公共事业管理（公益慈善管理方向）专业 2015 级教学计划进程表。

在集中实习实践课程环节，该专业方向共设置了社会调查原理与方法课程设计、公益项目设计和管理课程设计、公益营销课程设计、筹资理论和技巧课程设计、社会工作综合能力课程设计、公益传播课程设计等 6 门课程，共计 6 学分，时长 6 周。见表5-8。

表 5-8 公益慈善事业管理方向集中实习实践课程设置

课程名称	学分	总学时	理论学时	实践学时	学期分配	考核类型
社会调查原理与方法课程设计	1	1周	0	1周	4	考查
公益项目设计和管理课程设计	1	1周	0	1周	4	考查
公益营销课程设计	1	1周	0	1周	5	考查
筹资理论和技巧课程设计	1	1周	0	1周	6	考查
社会工作综合能力课程设计	1	1周	0	1周	6	考查
公益传播课程设计	1	1周	0	1周	6	考查

资料来源：公共事业管理（公益慈善管理方向）专业 2015 级教学计划进程表。

（三）深圳大学公益创新专才班双学位／辅修教育项目[13]

2015 年深圳人均 GDP 已经达到了初等发达国家水平，公益慈善、社会创新等理念也早在深圳这片土地生根发芽。在全国公益慈善行业大发展和深圳创新型慈善的环境影响下，深圳大学在不断探索如何将创业精神、公益理念和相关课程相融合以培养一种新型的创业创新人才。2015 年 6 月"公益创新专才班"（Philanthropy Innovation Elite Program）（简称"益才班"）应运而生。它是深圳大学管理学院依托行政管理专业设立的特色班，旨在塑造具备扎实的跨学科知识体系和善于动手解决社会问题的公益创新创业人才。益才班将使命定为"播散公益种子，助推跨界创新"，并欲成为"中国高校社会创业教育引领者"。益才班每年在全校各专业大一、大二学生中择优录取 30 人左右，截至 2020 年 6 月一共开设了六届益才班，累计 180 余位学生进入培养体系。

1. 益才班运作特色

"双学位／辅修＋结业证书"：学生除了获得本专业的学位外，按照培养方案要求，修满一定学分课程后，可额外获得管理学双学位或行政管理专业辅修证书，及"公益创新专才班"结业证书。

"管理基础课＋公益核心课"：围绕公益创新创业人才所需的专业技能，益才班利用管理学院各专业已有的教学课程体系，设置了管理学、营销学、品牌管理、项目管理、人力资源管理、创业学等管理类基础课程，以及中国公益慈善创新与前沿、非营利组织管理、第三部门研究、社会创业、商业伦理与社会责任等公益类核心课程供学生修读，从而达到培养既懂管理知识又有公益情怀的复合型人才的目的。

"三大实践教学平台"：除了系统化的课堂教育外，益才班设立了创益赛（举办湾区公益双创大赛、参与各类公益领域比赛）、加油栈（讲座、沙龙、实训营）和知行营（公益机构参访、实习、公益创业）三大实践平台，鼓励学生走出校园，发现社会中的真实问题和需求，并提出创造性解决方案，从而弥补课程教学的不足，引导学生追求"知行合一"

2. 益才班的课程体系与修读标准

益才班设置了双学位和辅修两种课程体系以满足学生的修读意向，学生

---

13 《深圳大学公益创新专才班五周年回顾报告（2015-2020）》[R]，深圳，2020 年 9月。

需选修一定学分的核心课（必修课）和一定学分的选修课，并达到课程要求后可获得相应的学位和证书。例如，欲获得双学位，需修读 19 个学分的必修课以及不少于 31 学分的选修课，即总学分不低于 50 学分，并同时完成一篇个人毕业论文（或小组毕业调研报告），考核通过后，可授予管理学学位；辅修学生按照培养方案要求修满 20 个学分的课程，可授予行政管理专业辅修证书。

　　益才班在双学位核心课程部分共设置了公共管理学、管理学原理、第三部门研究、中国公益慈善：创新与前沿、中国政府与政治、非营利组织管理、品牌管理、政府伦理、社会创业在内的 9 门课程，共计 19 学分，318 学时。见表 5-9。

表 5-9　益才班（双学位）核心课程设置（2018 级）

课程名称	学分	总学时	理论学时	实践学时	开设学期
公共管理学	3	42	42	0	1
管理学原理	3	42	42	0	1
第三部门研究	2	36	36	0	3
中国公益慈善：创新与前沿	2	36	36	0	3
中国政府与政治	2	36	36	0	3
非营利组织管理	2	36	30	6	4
品牌管理	2	36	32	4	6
政府伦理	2	36	36	0	6
社会创业	1	18			

资料来源：《深圳大学公益创新专才班五周年回顾报告（2015-2020）》[R]，深圳，2020 年 9 月。

　　在双学位选修课程部分，益才班共设置了社会学概论、微观经济学、政治学导论、城市管理学、公共行政学说史、宏观经济学、公共政策学、决策理论与方法、商务统计、人力资源开发与管理、社会保障学、社会科学方法论、市场营销学、消费者行为学、组织行为学、SPSS 应用、公共部门人力资源管理、社区管理、项目管理、行政法学、领导力开发：理论与训练、公共危机管理、社会学经典理论、质性研究方法与软件应用、公共管理实验法、公共预算、商业数据分析与挖掘、公共事业管理、政府公共关系学、创业学在内的30 门选修课，共计 64 学分，1170 学时。见表 5-10。

表 5-10 益才班（双学位）选修课程设置（2018 级）

课程名称	学分	总学时	理论学时	实践学时	开设学期
社会学概论	3	54	54	0	2
微观经济学	3	54	54	0	2
政治学导论	3	54	54	0	2
城市管理学	2	36	36	0	2
公共行政学说史	2	36	36	0	2
宏观经济学	2	36	36	0	3
公共政策学	2	36	30	6	3
决策理论与方法	2	36	30	6	3
商务统计	2	36	28	8	3
人力资源开发与管理	2	36	36	0	4
社会保障学	2	36	36	0	4
社会科学方法论	2	36	34	2	4
市场营销学	3	54	48	6	4
消费者行为学	2	36	36	0	4
组织行为学	3	54	54	0	4
SPSS 应用	1.5	36	18	18	4
公共部门人力资源管理	2	36	36	0	5
社区管理	2	36	36	0	5
项目管理	2.5	54	36	18	5
行政法学	2	36	36	0	5
领导力开发：理论与训练	2	36	36	0	5
公共危机管理	3	36	36	0	5
社会学经典理论	2	36	36	0	5
质性研究方法与软件应用	1.5	36	18	18	5
公共管理实验法	1	18	10	8	5
公共预算	2	36	30	6	5
商业数据分析与挖掘	1.5	36	18	18	5
公共事业管理	2	36	36	0	6
政府公共关系学	2	36	36	0	6
创业学	2	36	32	4	7

资料来源：《深圳大学公益创新专才班五周年回顾报告（2015-2020）》[R]，深圳，2020 年 9 月。

（四）山东工商学院公益慈善事业管理全日制四年本科教育项目

山东工商学院公益慈善学院于 2018 年 7 月 14 日成立，挂靠山东工商学院公共管理学院，是国内第一家由公立高校开办的包含本科和研究生阶段学历教育的二级学院，开展"公益慈善＋商科"的人才培养模式，重点培养学生公益慈善项目运营与基金管理等能力。同时发挥该院在公益慈善学术研究、公益慈善智库咨询和公益慈善教育培训等领域的职能。[14]

1.公益慈善事业管理教育项目培养目标

公益慈善事业管理专业培养具有良好的人文与科学素养，具备扎实的管理学、经济学、社会学、法学等多学科理论基础；掌握专业的社会科学技术与方法，通晓商科为学科基础的公益慈善事业管理的专业知识，熟悉公益慈善事业管理的法律政策和运行规范等；具有较强公益慈善项目管理能力和数据分析能力，慈善基金募集与管理能力，公益慈善事业研究、咨询、服务能力，较高的组织管理和沟通协调能力，公关和传播能力等，能为公益慈善组织、企事业单位、党政机关提供公益慈善事业管理高素质复合式创新应用型专业人才。

2.公益慈善事业管理教育项目培养与修读要求

通过"商科＋公益慈善事业管理"的复合式培养模式，使学生系统掌握商科领域、公共管理领域中的公益慈善事业管理等专业知识、技能，突出培养公益慈善项目管理能力，公益慈善基金管理能力，公益慈善组织政策法规咨询服务能力，公益慈善组织管理能力，品牌管理和业务报告写作能力，实现公益慈善事业人才专业技能的交叉复合。

专业知识方面，要掌握商科及公益慈善事业的基础知识、基本理论和基本应用技能；理解公益慈善事业管理理论的内涵、发展演进；熟悉公益慈善事业管理理论运用的社会环境、政策依据和政策效果；研究和掌握公益慈善事业运行规律；了解公益慈善事业发展前沿和实践发展现状。

专业能力方面，要求具备突出的公益慈善事业管理技能和方法，对社会问题和服务对象高度敏感，有较强的公益慈善事业管理的政策、法规分析和应用能力，有慈善公益基金项目筹款、运作、管理等服务能力；具备公益慈善组织能力开发提升及人力资源管理的能力；具有"公益慈善＋"专业知识融会贯通、综合运用专业知识分析和解决实际问题的能力。

---

14 公益慈善学院简介[EB/OL]，https://gggl.sdibt.edu.cn/xygk/gycsxyjj.htm，2021-10-05.

在规定的修业年限内修满最低 160 学分，取得毕业资格授予法学学士学位。

3. 公益慈善事业管理教育项目课程设置

学科基础课：管理学、行政管理学、非营利组织会计、公共经济学、微观经济学、宏观经济学、民法、心理学、社会学、统计学、社会科学研究方法。见表 5-11。

专业核心课：财富管理学、公益慈善学、非营利组织管理、公益慈善政策与法规、市场营销概论、公益慈善项目管理、公益慈善筹资原理与技巧、投资学、公共关系与传播、公益慈善信息管理、社会保障概论、人力资源管理、高级办公软件应用等。见表 5-12。

主要实践性教学环节：组织协调与沟通、社会工作实务、公益慈善管理案例分析、人力资源管理、社会科学研究方法、社会统计与调查分析、自我设计与开发 IV、公益慈善筹资原理与技巧、公共关系与传播实训、高级办公软件应用实训、公益慈善信息管理实训、虚拟商业社会仿真、企业资源规划模拟、认知实习、专业实习I、专业实习 II、毕业实习和学年论文、毕业论文创新创业训练与竞赛等实践环节。见表 5-13、表 5-14。

表 5-11 公益慈善事业管理教育项目学科基础课程设置表

课程名称	学 分	学 时	开设学期	考核方式
管理学	3	48	2	考试
行政管理学	2	32	3	考查
社会保障概论	2	32	6	考查
宏观经济学	2	32	3	考试
微观经济学	3	48	2	考试
公共经济学	2.5	40	4	考试
非营利组织会计	3	48	3	考试
民法	2	32	3	考试
社会学	2	48	1	考查
心理学	2	32	1	考查
统计学	3	48	4	考试
社会科学研究方法	1	16	4	考查

资料来源：山东工商学院公益慈善管理学院：《2020 山东工商学院公益慈善事业管理培养方案》（附表 2）[EB/OL]，https://gggl.sdibt.edu.cn/info/1051/2743.htm，2021-10-05。

表 5-12　公益慈善事业管理教育项目专业核心课程设置表

课程名称	学　分	学　时	开设学期	考核方式
财富管理学	2	32	2	考试
公益慈善事业管理	2	32	2	考试
公益慈善组织管理	2	32	3	考试
公益慈善项目管理	2	32	6	考试
志愿服务管理	2	32	4	考查
公益慈善政策与法规	2	32	5	考试
公益慈善营销	2	32	3	考试
公益慈善筹资原理与技巧	2	32	4	考试
投资学	2	32	3	考试
公益慈善公关与传播	2	32	6	考试
公益慈善信息管理	1	16	4	考查
公益慈善组织人力资源管理	2	32	5	考查
行政职业能力开发与测评	2	32	6	考试
高级办公软件应用	1	16	5	考试

资料来源：山东工商学院公益慈善管理学院：《2020 山东工商学院公益慈善事业管理培养方案》（附表 2）[EB/OL]，https://gggl.sdibt.edu.cn/info/1051/2743.htm，2021-10-05。

表 5-13　公益慈善事业管理教育项目创新创业课程设置表

课程名称	学　分	学　时	实施学期	考核方式
自我设计与开发 I	1	16	1	考查
自我设计与开发 II	1	16	2	考查
自我设计与开发 III	1	16	3	考查
自我设计与开发 IV	0.5	8	7	考查

资料来源：山东工商学院公益慈善管理学院：《2020 山东工商学院公益慈善事业管理培养方案》（附表 2）[EB/OL]，https://gggl.sdibt.edu.cn/info/1051/2743.htm，2021-10-05。

表 5-14 公益慈善事业管理教育项目专业实践教学环节安排表

实践项目	内容	学分	周数／课时	实施学期	考核方式
独立开设的实验课	组织协调与沟通	1	32	7	考查
	社会工作实务	1	32	5	考查
	公益慈善管理案例分析	2	64	7	考查
	虚拟商业社会仿真	1	1 周	7	考查
	企业资源计划模拟	1	32	6	考查
课内实验	公益慈善组织人力资源管理	0.5	16	5	考查
	社会科学研究方法	1	32	4	考查
	行政职业能力开发与测评实验	1	32	6	考查
	自我设计与开发IV	0.5	16	7	考查
	公益慈善筹资原理与技巧	1	32	4	考查
实训	公益慈善公关与传播	1	32	6	考查
	高级办公软件应用	1	32	5	考查
	公益慈善信息管理	1	32	4	考查

资料来源：山东工商学院公益慈善管理学院：《2020 山东工商学院公益慈善事业管理培养方案》（附表 3）[EB/OL]，https://gggl.sdibt.edu.cn/info/1051/2743.htm，2021-10-05。

公益慈善事业管理教育项目在专业拓展课部分还设置了公益慈善管理经典原著选读（双语）、中国社会救助与福利、公益会展策划与管理、管理伦理学、逻辑学、组织社会学、公共政策学、申论与行政公文写作、公共部门绩效管理、女性学、公益慈善文化概论、社会问题等 12 门课程。见表 5-15。

表 5-15 公益慈善事业管理教育项目专业拓展课程设置表

课程名称	学分	学时	开设学期	考核方式
公益慈善管理经典原著选读（双语）	2	32	5	考查
中国社会救助与福利	2	32	5	考查
公益会展策划与管理	2	32	5	考查
管理伦理学	2	32	6	考试
逻辑学	2	32	4	考查
组织社会学	2	32	3	考查
公共政策学	2	32	6	考查

申论与行政公文写作	2	32	6	考查
公共部门绩效管理	2	32	5	考查
女性学	2	32	5	考查
公益慈善文化概论	2	32	6	考查
社会问题	2	32	2	考查

资料来源：山东工商学院公益慈善管理学院：《2020 山东工商学院公益慈善事业管理培养方案》（附表 2）[EB/OL]，https://gggl.sdibt.edu.cn/info/1051/2743.htm，2021-10-05。

另外创新创业训练与竞赛在第 5 学期有 2 个学分的课程安排，第 2 学期有 2 周的认识实习，在第 4 和第 6 学期各有 2 周的专业实习，在第 8 学期有 8 周的毕业实习。

（五）华东师范大学紫江公益慈善中心暑期班／辅修项目[15]

2016 年 10 月华东师范大学成立公益慈善事业管理研究院，挂靠社会发展学院。2017 年 1 月 12 日，华东师范大学与上海紫江公益基金会合作成立华东师范大学紫江公益慈善中心。该院与中心的主要功能有：学科建设与人才培养；项目承接与研究实践；提供交流合作平台；政策咨询与创新服务。2017 年 9 月该中心开始招生，中心主要开展三类公益慈善教育项目，公益慈善管理辅修项目：面向全校各年级各专业学生开设；公益慈善管理人才暑期学校项目：在一学年内顺利完成课程、公益实践及相关研究要求且有志于在该领域继续深造的同学，将在暑期进行一周的公益慈善管理特训；海外访学研修项目：根据学生的综合表现选拔 15 名同学到香港、台湾及欧美学习和实践。[16]

1. 公益慈善事业管理培养目标

培养具备强烈的公益心与社会责任感，能够熟练掌握公益慈善管理的系统知识理念、了解公益慈善事业发展前沿，具备扎实的公益慈善管理理论基础与实操技能，能够独立胜任公益慈善机构和企业社会责任部门的组织管理、项目运作、专业服务及理论研究等工作的专业型和应用型的高层次慈善

---

15 善达网：华东师范大学紫江公益慈善中心人才培育方案[EB/OL]，http://www.shanda960.com/shandaguan/article/11988，2021-10-07。

16 公益时报：华师大紫江公益慈善中心正式成立[EB/OL]，http://www.gongyishibao.com/html/gongyizixun/11225.html，2021-10-07。

管理的储备人才。

2. 公益慈善事业管理培养模式

开设公益慈善管理辅修计划，形成"课程＋实践＋研究"三位一体的培养体系。由学校面向全校各年级（本科阶段优先面向大三学生）各专业选拔有志于从事慈善事业管理的在校学生开设。课程学习时间一年，完成学分18分，其中包括必修课和选修课学分各5分，课程论文5分，实践课3分。第一届学员计划于2017年秋季学期开始招生。

3. 公益慈善事业管理课程体系

华东师范大学紫江公益慈善事业管理教育项目8门核心课程，包括非营利组织管理概论、社会创新和社会企业、公益慈善学导论、社会公益案例分析、公益慈善讲座系列、慈善事业发展历史、现状和未来、公益慈善法律基础、基金筹集的理论与实践，共18学分。并设置了5学分的课程学习报告与2学分的海外访学。见表5-16。

表5-16　公益慈善事业管理课程设置表

课程名称	学　分	拟授课时间
非营利组织管理概论	2	2017 暑假
社会创新和社会企业	2	2017 暑假
公益慈善学导论	3	2017 秋
社会公益案例分析	2	2017 秋
公益慈善讲座系列	2	2018 春
慈善事业发展历史、现状和未来	3	2018 暑假
公益慈善法律基础	2	2018 暑假
基金筹集的理论与实践	2	2018 暑假
课程学习报告	5	2018 暑假
海外访学	2	2018 暑假

资料来源：善达网：华东师范大学紫江公益慈善中心人才培育方案[EB/OL]，http://www.shanda960.com/shandaguan/article/11988，2021-10-07。

三、中国大学非营利管理教育课程设置中存在的问题

研究者在2014-2015年间对当时公益慈善事业管理本科层次教育项目开展时间最早，且毕业生广受业界好评的北京师范大学珠海分校作为主要研究

对象，从其项目的主管领导、教师、学生、实习就业单位管理者中随机选取对象，针对该专业方向课程设置问题作了个别访谈。其中选取宋庆龄公益慈善教育中心主任 1 人、授课教师 2 人、两届毕业生 4 人、大四实习学生 2 人、大三在读学生 2 人、工作就业单位管理者 2 人，并对课程设置中存在的主要问题进行了总结分析。

（一）课程体系不完善

北京师范大学珠海分校公益慈善事业管理专业方向是我国第一个本科层次的非营利管理教育项目，并首创面向全校各个专业大三学生进行跨专业选修。因为国内没有可直接参考的本科层次课程体系，该项目在摸索中初建的课程体系存在很多不完善的地方。宋庆龄公益慈善教育中心主任坦言："因为我们国内没有可以借鉴的对象，所以在设置这个项目的课程时我们就需要向海外这方面比较发达的美国学习，还有境外，像香港、台湾这些公益慈善组织和教育发展相对成熟的地区学习。因为清华、北师大这些高校都有研究生层次的课程，一些教授也针对本科层次的人才培养给了我们一些建议。我们再就是听取业界人士的意见，强调一些应用型课程。我们这个项目本身从大三开始招生，在课程设置时不追求学科本位，我们更多的考虑学生毕业出去后是否能马上顶岗工作。"

该项目没有以常规的必修课程和选修课程进行课程结构的设置，而是要求学生共同必修 21 门课程，只在与学生原专业课程有重复的情况下以备选课程代替。这样的课程结构设置缺乏对学生特点和兴趣的考虑。同时在理论课程和实践课程的设置比例以及课程内容的筛选上都存在问题。部分受访学生反映课程之间缺乏衔接性，授课教师之间沟通不足，不同课程有内容重叠授课的情况。一名正在实习的大四学生说"中心主任那边首先应该衡量一下课程之间的相关性，然后老师之间也应该有一些交流，就是知道每个老师会讲什么，内容是什么，这样再讲课会好一点儿。"因为此项目是国内首创的跨专业选修模式，因此在如何整合学生的学科背景，跨学科设置课程上也缺乏相应的举措。

（二）实践课程考虑不足

已毕业与参加实习的受访同学反映在学校中学到的专业理论知识对自己入行后快速了解工作内容起到了一定的帮助，但是项目设置的实践课程仍缺乏实用性，或对相关能力培养不足。一位在国家大型公募基金会工作的毕业生说："刚人职的时候，在学校里学的专业的知识能够让我更好地理解工作，理解要做什么，但随着工作的深入，要求的更多是实践上的能力，像与人沟通、项目策划、方案写作能力等。"另一位毕业生说："学校里学的还是偏向理论，理论学习很有必要，但是工作更实际，像筹款来说，老师应该不只让学生明白筹款理论上应该怎么做，还要让大家实践了解基金会的筹款到底是如何做的。"受访的就业单位的主管领导就提出希望学生在学校可以学到筹款、项目管理、项目实施、公关等方面的知识与技能，而公益慈善事业管理专业方向设置的实践课程对这些领域的知识与技能培养关照不足。

该项目设置的专业综合实践课程（毕业实习）选取的实践基地都是国家知名的公益慈善组织和机构，但学校对这些实践基地缺乏深入了解，每个机构内部管理的差异性，造成了学生实践效果的不同。有的学生在工作坊和毕业实习过程中得到了充分的锻炼和指导，而有的学生则在流于形式中失去了实操锻炼的好机会。还有的学生认为学校在为学生分配工作坊导师的时候没有充分与学生的兴趣和原专业背景相结合，弱化了学生才能的发挥和能力的锻炼。该项目设置的实践课程多集中在大四上学期，大三一整年虽有实践课程，但是时间短，效果不佳。学生缺乏与当地非营利组织和社区的长期联系，不利于学生实践能力的持续培养。

（三）师资配备薄弱

非营利管理教育在中国属于新兴专业领域，无论在学界还是业界，专业人才都很稀缺。很多授课教师没有非营利管理专业的学科背景，他们都在自己原专业知识背景下理解非营利管理的相关知识，形成课程，然后才对学生进行传授，这样的情况难免无法保证授课的效果。同时，因为该专业教师奇缺，公益慈善事业管理教育项目中的教师多为校外聘请，他们来自全国甚至境外不同高校。课程的授课时间需要根据授课教师的具体情况来定，因此存在无法合理设置课程的客观情况。现实中多门课程在短时间内高强度集中授课的情况时有发生，对学生消化课程内容形成了很大的障碍。一名大三的受访学生表示："我觉得现在课程设置比较不好的一点是，周六日要上课，而且强度还挺大的，周六周日一上课就是一整天，然后平时周一到周五工作日的时候呢，基本都不用上课，我觉得这是不太好的地方。我本身对这个领域了解的并不是特别多，也没有什么系统的认识，然后突然间这种大强度的老师过来上课，不断地灌输一些新的概念，脑子里面可能消化时间要稍微欠缺一点。少了那种消化的时间，以及自己这种课后去阅读啊，去学习的时间会变少。"

双师型教师严重匮乏，项目课程的授课教师多为理论讲授，教师本身鲜有非营利组织管理经验；而从业界聘请的行业管理者尽管实操经验丰富，但缺乏相应的理论知识做支撑，课程难以深入。这也是中国现阶段公益慈善事业发展的特殊国情所决定的，正如中心主任所说："就中国现在来讲，很难打造那么理想的一种双师型教师，美国很多教授本身就在基金会工作，像印地安那大学慈善学院的院长本身就是筹款方面的专家，而随着我国学界和业界的慢慢壮大，一些大学里的教授也被请去做基金会的理事、秘书长等职务，但这毕竟是少数，还刚刚开始不久，所以像境外那种双师型教师在中国是极其稀缺的。"缺乏良好的师资保障，教育项目课程设置无法达到理论与实践的良好结合，会阻碍培养目标的实现。

四、对中国大学非营利管理教育课程设置发展的思考

中国大学的非营利管理教育项目还处于探索期，在课程设置上存在着很多不足。在对美国大学非营利管理教育课程设置研究的基础上，论者对我国高校非营利管理教育今后的课程设置发展进行了思考。

（一）根据中国非营利组织发展的客观需要设置专业课程

美国有着固有的结社文化和特殊的宗教慈善传统，非营利组织在产生和发展的几百年间不断与美国政府及商业部门互动，形成了既联系紧密又保有绝对独立性的生存状态。在中国，非营利组织也有其特殊的地位。中国在宪法层面规定公民有自由结社的权利，这是非营利组织存在与发展的根本保障。但是在现实层面，公民权利的全面实现与法律层面还存在着一定的差距。长期以来对非营利组织审批制度实行的双重管制和诸多限制，使得中国的非营利组织一直属于"半官半民"属性。[17]随着 2013 年《国务院机构改革和职能转变方案》的发布，成立社会组织不再需要业务主管单位审查同意，可直接向民政部门依法登记。非营利组织直接登记的政策的全面实施使非营利组织在中国获得了越来越多的自主权，发展势头愈发强劲。

---

17 贾西津：《第三次改革——中国非营利部门战略研究》，北京：清华大学出版社，2005 年，159 页。

以往非营利组织是在政府主导下运营，所以国家财政拨款一直是大型非营利组织的主要资金来源，而民间自发的非营利组织却一直存在资金困难的境况。2013 年 9 月 30 日国务院发布《政府购买服务意见》文件，要求健全组织领导，严格监督管理，确保政府向社会力量购买服务工作规范有序开展。同年 10 月 14 日国务院继续印发《健康服务业意见》，提出大力支持社会资本举办非营利性医疗机构，提供基本医疗卫生服务。两个重要文件的发布标志着政府购买非营利组织服务体制在我国最终确立。2014 年国家财政继续拨款 2 亿元用于购买和扶持非营利组织提供社会服务。[18]这些政策的出台都刺激了非营利组织开发项目和提供优质服务的热情。2013 年 11 月民政部和共青团中央下发了《关于在全国推广"菜单式"志愿服务的通知》，"菜单式"志愿服务将具备一定专业特长的非营利组织志愿服务汇集成册，居民可以像进饭店点菜一样选择志愿者为自己提供服务，并设置"备菜"、"点菜"、"送菜"、"评菜"环节，规范了志愿者的志愿服务。[19]非营利组织的权责化进一步加强，以客户服务为导向的项目运作也得到了正面激励。

进入新世纪以来，社会的管理创新多次出现在党和政府的工作报告及经济规划纲要之中。2004 年 6 月，党的十六届四中全会就提出要"加强社会建设和管理，推进社会管理体制创新。"2011 年，民政部部长李立国在"社会管理创新工作"座谈会上明确提出开拓购买社会组织服务的资金渠道。由此引发 2012 年多个地方政府在专项基金创投方面的实践。2013 年，非营利组织注册门槛的进一步降低，极大地鼓励了社会企业的发展热情。[20]政府购买服务、公益创投和社会企业的快速发展将市场导向大力的引进了非营利组织，改善了业界生态，使传统上捐赠产出少、效果低、影响力有限等问题得到有效地解决，实现了组织社会影响最大化，绩效高的良好状态。

中国非营利组织的快速规范化发展引发了对非营利组织管理人才的强烈渴求。中国高校作为人才的储备和输出基地，在培养非营利组织管理人才进行课程设置的时候要充分考虑中国的国情，针对中国非营利组织的发展需要设置专业课程。例如开设非营利组织法律基础课程，使学生明晰我国非营利组织的权责范围。开设政策倡导和公共关系课程，使学生把握国家政策发展

---

18 王振耀：《现代慈善与社会治理》，北京：社会科学文献出版社，2014 年，23-25 页。

19 王振耀：《现代慈善与社会治理》，28 页。

20 王振耀：《现代慈善与社会治理》，158 页。

导向，掌握与政府、企业不同部门组织灵活交往，为组织谋求利益的技能。随着政府购买服务力度的加强和社会创新政策的推动，非营利管理教育需要开设非营利组织项目评估与策划、筹资、社会企业、公益创投、非营利组织市场营销等课程，在实现组织使命的前提下，对组织进行创新性运营与管理，为组织的发展获取不断的资金收入。随着非营利组织国际化发展趋势的加强，非营利组织专业英语也应加入到课程体系中，为学生了解非营利的国际发展动态和日后促进非营利组织国际合作做准备。在关注非营利组织国际化发展的同时，非营利组织的社区发展也是大学开设专业课程需要纳入的重要内容。与社区建立良好的关系，对于非营利组织的志愿者招募和谋求社区支持提供了有力保障。随着中央放开对非营利组织的注册管制，大量不同类型的非营利组织涌现。为了良好地运营非营利组织，非营利组织财务管理和会计课程是大学非营利管理教育必须开设的课程。学生们掌握管理财务和制定报表的知识与技能，为非营利组织呈现严谨、透明化的报表以赢得捐赠人和社会各界的信任，避免公益丑闻的重发，利于中国非营利组织持续健康的发展。

（二）广泛建立合作伙伴关系

在美国大学与协会组织之间、大学与非营利组织之间一直有着广泛的合作伙伴关系。全国公共事务和管理学院协会（NASPAA）、非营利组织学术中心委员会（NACC）、非营利组织领导力联盟（NLA）、非营利组织和志愿部门研究协会（ARNOVA）等协会组织不但与美国大学有着紧密的联系，还为美国大学非营利管理教育课程设置制定课程指导大纲。大学通过与非营利组织之间的联系获得了众多资源，非营利组织不但为学生提供实践实习机会，组织中的管理者还作为实践指导教师在学生实习中给予细心的指导，帮助学生将理论知识与实践操作良好的结合。在学校开设的研讨会课程上，非营利组织的管理者也是主要参与方之一，他们将行业最新的发展趋势和需要与教师和学生进行分享，并参与大学课程的设置与实施，推动高校非营利管理教育项目的发展。

对于中国开设非营利管理教育的高校来说，广泛建立大学与大学之间，大学与非营利组织之间的合作伙伴关系尤为重要。非营利管理教育在中国高等教育中属于新兴学术领域，学界人才匮乏，不同大学从不同领域视角研究非营利组织的学者间频繁的沟通与交流，利于非营利组织管理专业知识体系的建立，为跨学科设置课程提供有力参考。大学间的合作与交流也为成立专业的非营利管理教育研究协会奠定了基础，协会的成立必将对大学教育的发展起到更大的推动作用。

中国大学非营利管理教育和中国非营利组织作为新兴的专业领域和社会部门都面临着巨大的机遇与挑战。大学与非营利组织建立紧密的合作伙伴关系可以及时准确地把握行业人才的需求动态，获取设定培养目标，设置专业课程，选取课程内容所需的信息与能量。非营利组织也是学生重要的实践教学基地，非营利组织的管理者参与到高校课程设置和课程实施过程中，对于学生将理论与实践充分结合实现培养目标提供了助推作用。同样，高校通过学术研究和人才培养为非营利组织的发展提供了理论支持、方向引导和优质充足的人力储备。这种广泛的伙伴关系的建立不仅利于高校非营利组织管理设置系统的发展，更对我国社会健康稳定发展起到了积极的影响作用。

（三）重视课程设置的实践导向

美国大学非营利管理课程设置具有明显的实践导向特征。它强调理论与实践相统一，目标与过程相统一，强调在宽厚的知识基础上提升学生的专业水平。非营利管理教育具有明显的职业指向性，因此我国大学在设置非营利管理教育课程的时候也应持有实践导向的价值取向。在学生已有学习经验的基础上将通识课程与专业课程良好的融合，使学生精神、思想、身体、价值观和谐发展的同时，掌握非营利组织管理所需的专业技能与专业素养，具备推动组织使命达成和发展成自由全人的能力。

我国大学在实行实践导向课程设置的时候应将实践知识与能力的培养以集中和分散相结合的形式进行实施。除了相对集中的毕业实习外，应将实践课程设置在不同学年的课程教学中，设置如工作坊、团队合作、服务学习、模拟实践等多种类型的课程，让实践理念贯穿整个课程设置系统，对学生进行持续实践课程的培养，保证学生扎实地掌握非营利组织管理的知识与能力，更重要的是加深了学生对非营利组织崇高使命感的理解。

（四）利用互联网新技术进行课程设置

自路易斯安那州立大学什里夫波特分校在线开设非营利管理证书项目以来，美国各大学都在积极主动地尝试利用互联网开设在线课程推动非营利管理教育项目的发展，并取得了不错的效果。如上文分析所言，非营利管理教育在我国高等教育中刚刚起步，专业师资匮乏是重要的问题之一，而互联网技术恰恰利于这方面问题的解决。高校可以邀请全国甚至全世界非营利管理教育有建树的学者和知名组织的管理者开发在线课程，将之加入到整个项目的课程体系之中，在丰富课程内容的同时，拓展学生的知识范围和视野。在线课程这种不受时间和地点限制的优势也可以大力解决因师资不足、上课时间不定引起的教学效果不佳，课程设置不合理等问题。受客观条件所限的外聘教师可以将在线授课与定期面授结合起来，既保证了教学质量也丰富了授课形式，促进整个项目课程体系的完善。

本研究仅仅对美国大学非营利管理教育课程设置做了初步的探索分析，对于有效借鉴美国大学非营利管理教育课程设置的成功经验，以促进我国大学非营利管理教育课程设置的发展，其深度还有待提升。对研究生层次非营利管理教育的课程设置、本科生层次与研究生层次非营利管理教育课程设置之间的区别与联系都是需进一步研究与探索的问题。

参考文献

一、学术专著

1. 陈刚：《公共行政与代议民主——西方公共行政的历史演变及其启迪》，北京：中国社会科学出版社，2010年。

2. 陈天祥：《新公共管理——政府再造的理论与实践》，北京：中国人民大学出版社，2007年。

3. 邓艳红：《课程与教材论》，北京：首都师范大学出版社，2007年。

4. 贾西津：《第三次改革——中国非营利部门战略研究》，北京：清华大学出版社，2005年。

5. 李曼丽：《通识教育——一种大学教育观》，北京：清华大学出版社，1999年。

6. 卢咏：《第三力量：美国非营利机构与民间外交》，北京：社会科学文献出版社，2011年。

7. 马万华：《多样性与领导力——马丁·特罗论美国高等教育和研究型大学》，北京：教育科学出版社，2011年。

8. 彭小兵：《公益慈善事业管理》，南京：南京大学出版社，2012年。

9. 王振耀：《现代慈善与社会服务》，北京：社会科学文献出版社，2013年。

10. 王振耀：《现代慈善与社会治理》，北京：社会科学文献出版社，2014年。

11. 王名、李勇、黄浩明：《美国非营利组织》，北京：社会科学文献出版社，2012 年。

12. 夏建中：《美国社区的理论与实践研究》，北京：中国社会出版社，2009 年。

13. 熊耕：《美国高等教育协会组织研究》，北京：知识产权出版社，2010 年。

14. 亚里士多德：《政治学》，吴寿彭译，北京：商务印书馆，1965 年。

15. 杨团：《慈善蓝皮书：中国慈善发展报告（2014）》，北京：社会科学文献出版社，2014 年。

16. 杨团：《慈善蓝皮书：中国慈善发展报告（2018）》，北京：社会科学文献出版社，2018 年。

17. 杨团：《慈善蓝皮书：中国慈善发展报告（2020）》，北京：社会科学文献出版社，2020 年。

18. 赵祥麟、王承绪：《杜威教育论著选》，上海：华东师范大学出版社，1981 年。

19. 周海涛：《大学课程研究》，北京：中国社会科学出版社，2008 年。

20. 朱健刚：《中国公益发展报告（2012）》，北京：社会科学文献出版社，2013 年。

21. 郗海霞：《美国研究型大学与城市互动机制研究》，北京：中国社会科学出版社，2009 年。

22. [比]伊·普利高津：《从存在到演化》，上海：上海科学技术出版社，1986 年。

23. [比]伊·普利高津：《确定性的终结——时间、混沌与新自然法则》，上海：上海科技教育出版社，1998 年。

24. [法]托克维尔：《论美国的民主》（上卷），夏果良译，北京：商务印书馆，1988 年。

25. [美]安德鲁·卡内基：《财富的福音》，杨会军译，北京：京华出版社，2006 年。

26. [美]彼得·德鲁克：《非营利组织的管理》，北京：机械工业出版社，2007 年。

27. [美]菲利普·科特勒、艾伦·R·安德里亚森:《非营利组织战略营销》,北京:中国人民大学出版社,2003 年。

28. [美]莱斯特·M·萨拉蒙:《全球公民社会——非营利部门视角》,贾西津译,北京:社会科学文献出版社,2007 年。

29. [美]马修·比索普、迈克尔·格林:《慈善资本主义:富人在如何拯救世界》,北京:社会科学文献出版社,2011 年。

30. [美]罗伯特·L·佩顿、迈克尔·P·穆迪:《慈善的意义与使命》,郭烁译,北京:中国劳动社会保障出版社,2013 年。

31. [美]乔治·A·比彻姆:《课程理论》,北京:人民教育出版社,1989 年。

32. [美]小威廉姆·E·多尔:《后现代课程观》,王红宇译,北京:教育科学出版社,2000 年。

33. 《辞海》(上册),上海:上海辞书出版社,1999 年。

34. 顾明远:《教育大辞典》(第三卷),上海:上海教育出版社,1992 年。

35. 顾明远:《教育大辞典》,上海:上海教育出版社,1997 年。

36. 江山野:《简明国际教育百科全书》,北京:教育科学出版社,1997 年。

37. 赵宝恒:《汉英教育词典》,贵阳:贵州教育出版社,2003 年。

38. 《中国大百科全书》(教育卷),北京:中国大百科全书出版社,1985 年。

39. [英]索恩斯:《牛津袖珍英语词典》,外语教学与研究出版社,2002 年。

40. Chickering, A. W. & Reisser, L. *Education and identity*, San Francisco, Jossey-Bass, 1993.

41. Charles Clotfelter & Thomas Ehrlich, *Philanthropy and the Nonprofit Sector in a changing America*, Bloomington & Indianapolis, Indiana University Press, 1999.

42. Michael O'Neill & Dennis R, *In Educating Managers of Nonprofit Organizations*, New York, Praeger, 1988.

43. Michael O'Neill & K. Fletcher, *Nonprofit Management Education: U.S. and World Perspectives*, New York, Praeger, 1998.

44. Michael O'Neill, *Nonprofit Nation: A New Look at the Third America*, SanFrancisco, Jossey-Bass, 2002.

45. Salamon, Lester M, *Partners in Public Service: Government-Nonprofit Relations in the Modern Welfare State*, Baltimore, Johns Hopkins University Press, 1995.

二、学位论文

1. 陈威：《"实践取向"小学教育专业课程设置研究》，博士学位论文，东北师范大学，2013 年。

2. 谷建春：《通识教育与专业教育整合的理论研究》，硕士学位论文，湖南师范大学，2004 年。

3. 王向南：《中国非营利组织发展的制度设计研究》，博士学位论文，东北师范大学，2014 年。

4. 曾少英：《美国学生事务管理专业化形成过程及其启示》，硕士学位论文，汕头大学，2008 年。

5. 曾卫明：《高校科技创新团队自组织演化研究》，博士学位论文，哈尔滨工程大学，2008 年。

6. 张杰：《基于自组织理论的区域系统演化发展研究》，博士学位论文，哈尔滨工程大学，2007 年。

7. Theresa Meier Conley, "Nonprofit Marketing Education In The United States: An Examination and Interpretation of The Prevalance and Nature of Curriculum" phD diss., University of Denver, 2012.

三、期刊论文

1. 常绍舜：〈从经典系统论到现代系统论〉，载《系统科学学报》，2011 年第 8 期。

2. 陈桂生：〈"课程"辩〉，载《课程教材教法》，1994 年第 11 期。

3. 丁晶晶、李勇、王名：〈美国非营利组织及其法律规制的发展〉，载《国外理论动态》，2013 年第 7 期。

4. 韩庆祥：〈能力本位论与 21 世纪中国的发展〉，载《北京大学学报（哲学社会科学版)》，1996 年第 5 期。

5. 胡杨成、蔡宁：〈西方非营利组织市场导向研究进展〉，载《经济问题探索》，2009 年第 1 期。

6. 李健：〈公益慈善人才学历教育发展路径研究〉，载《学会》，2017 年第 6 期。

7. 卢磊：〈发展公益慈善专业：培养公益慈善专业人才的必然选择〉，载《中国社会组织》，2017 年第 1 期。

8. 金相郁、张换兆、林娴岚：〈美国长信战略变化的三个阶段及对中国的启示〉，载《中国科技论坛》，2012 年第 3 期。

9. 饶锦兴：〈美国慈善事业发展印象〉，载《社团管理研究》，2011 年第 1 期。

10. 王春来：〈转型、困惑与出路——美国"进步主义运动略论"〉，载《华东师范大学学报（哲学社会科学版）》，2003 年第 5 期。

11. 谢世标、谢雄政、欧朝胜：〈负熵及其应用〉，载《广西民族学院学院（自然科学版）》，2006 年第 11 期。

12. 徐君：〈社会企业组织形式的多元化安排：美国的实践及启示〉，载《中国行政管理》，2012 年第 10 期。

13. 杨志伟：〈公益慈善领域专业人才培养的模式及展望〉，载《中国社会组织》，2016 年第 4 期。

14. 杨志伟：〈公益慈善管理专业本科课程体系研究〉，载《中国非营利评论》，2016 年第 1 期。

15. 张伟：〈跨学科教育：普林斯顿大学本科人才培养案例研究〉，载《高等工程教育》，2014 年第 5 期。

16. 周延凤、罗文恩：〈国外非营利组织市场导向研究综述〉，载《外国经济与管理》，2007 年第 5 期。

17. 朱照南、马季：〈美国非营利管理教育研究综述〉，载《中国非营利评论》，2016 年第 1 期。

18. Adil Najam, "Understanding the Third Sector: Revisiting the Prince, the Merchant, and the Citizen", Nonprofit Management and Leadership, 1996 (2).

19. Ashcraft, R. F., "Where Nonprofit Management Education Meets the Undergraduate Experience: AmericanHumanics After 50 Years", Public Performance and Management Review, 2001 (9).

20. Doh, J. P., "Can leadership be taught? Perspective from management educators", Academy Of Management learning and education, 2003 (1).

21. Dwight F Burlingame, "Nonprofit and Philanthropic Studies Education: The Need to Emphasize Leadership and Liberal Arts", Journal of Public Affairs Education, 2009 (3).

22. Edwards, Richard L, "The Competing Values Approach as an Integrating Framework for the Management Curriculum", Administration in Social Work, 1987 (1).

23. Fox, K. & Kotler, P., "The marketing of social causes: The first ten years", The Journal of Marketing, 1980 (4).

24. Gonzalez .L, Vijande. M & Casiellse. R., "The market orientation concept in the private nonprofit organization domain", International Journal of Nonprofit and Voluntary Sector Marketing, 2002 (1).

25. Heather L. Carpenter, "A Look at Experiential Education in Nonprofit-Focused Graduate Degree Program", Journal of Nonprofit Education and Leadership, 2014 (4).

26. Hoefer Richard: "A Matter of Degree: Job Skills for Human Service Administrators", Administration in Social Work, 1993 (3).

27. Heimovics & Herman, R. D., "The Salient Management Skills: A Conceptual Framework for a Curriculum for Managers in Nonprofit Organizations", American Review of Public Administration, 1989 (7).

28. Larson, R. S., Wilson, M. I. & Chung, D., "Curricular Content for Nonprofit Management Programs: The Student Perspective", Journal of Public Affairs Education, 2003 (9).

29. Michael O'Neill, "The Future of Nonprofit Management Education", Nonprofit and Voluntary Sector Quarterly 2007 (9).

30. Michael O'Neill, "Developmental contexts of nonprofit management education", Nonprofit Management and Leadership, 2005 (1).

31. Mirabella, R. M. & Wish, N. B., "University-Based Educational Programs in the Management of Nonprofit Organizations: An Updated Census of U.S. Programs", Public Performance and Management Review, 2001 (1).

32. Mirabella, R. M., "University-Based Educational Programs in Nonprofit Management and Philanthropic Studies: A 10-Year Review and Projections of Future Trends", Nonprofit and Voluntary Sector Quarterly, 2007 (4).

33. Mirabella, R. M. & Dennis R. Young, "The Development of Education for Social Entrepreneurship andNonprofit ManagementDiverging or Converging Paths?", Nonprofit Management and Leadership, 2012 (1).

34. Norman A. Dolch, Marvin Ernst, John E. McClusky, Roseanne M. Mirabella & Jeffery Sadow, "The Nature of Undergraduate Nonprofit Education: Models of Curriculum Delivery", Nonprofit and Voluntary Sector Quarterly, 2007 (10).

35. Reid, P. Nelson & Wilma Peebles-Wilkins, "Social Work and the Liberal Arts: Renewing the Commitment", Journal of Social Work Education, 1991 (2).

36. Smith, J. P., "Nonprofit management education in the united states", Vital Speeches of the Day, 2000 (6).

37. Steven Rathgeb Smith., "Changing Government Policy and Its Implications for Nonprofit Management Education", Nonprofit Management and Leadership, 2012 (7).

38. Young, Dennis R., "Nonprofit Studies in the University", Nonprofit World, 1988 (6).

39. Young, Dennis R., "Nonprofit Management Studies in the United States: Current Developments and Future Prospects", Journal of Public Affairs Education, 1999 (1).

四、析出文献与报纸、报告

1. 陈正隆：《美国"国家绩效评鉴"之省思与启示》，见詹中原：《新公共管理——政府再造的理论与实务》，台北：五南图书出版公司，2000 年。

2. 王名、杨丽：《国际 NGO 论纲》，见王名、杨丽：《中国非营利评论》（第八卷），北京：社会科学文献出版社，2011 年。

3. 章伟：《网络型权利结构与多中心治理——论新公共管理视野中的美国新绩效预算改革》，见马骏、王浦劬、谢庆奎、肖滨：《呼吁公共预算：来自政治学、公共行政学的声音——第一届中国公共预算研究全国学术研讨会论文集》，北京：中央编译出版社，2008 年。

4. 潘娜：《美国社会企业的创新态势》，载《中国社会报》，2014 年 8 月 11 日。

5. 张介岭：《美国以创新战略推动可持续增长》，载《经济日报》，2009 年 12 月 2 日。

6. 张春贤：《全国人民代表大会常务委员会执法检查组关于检查《中华人民共和国慈善法》实施情况的报告》[R]，全国人民代表大会常务委员会公报，2020 年 5 月。

7. 深圳大学公益创新专才班五周年回顾报告（2015-2020），2020 年 9 月。

8. Cyert, Richard M., "The Place of Nonprofit Management Programs in Higher Education", in *Educating Managers of Nonprofit Organizations*, ed. O'Neill, Michael & Dennis R. Young, New York, Praeger, 1988.

9. Renz, D., "*Educating and Preparing the Early-Career Professional: The Needs and Expectations of Practicing Nonprofit Executives*", The conference on Nonprofit Management Education, Berkeley, 1996.

10. Van Loo, M. Frances., "The Future of Nonprofit Research Centers: Issues for Large Universities", The ARNOVA Annual Conference, Yale University, 1992.

11. Van Loo, M. Frances., "Management Education of Nonprofit Professionals: The Institutional Structure", The Nonprofit Management Education Conference, Berkeley, 1996.

12. Wish, N. & Mirabella, R., "Nonprofit management education: Current offerings and practices in university-based programs", in *Nonprofit*

management education: U S. and world perspectives, ed. M. O'Neill, K. Fletcher., Westport CT, Praeger, 1998.

13. Conley, T. M., "Nonprofit marketing education in the United States, a discussion of background, curricular patterns, and fresh thinking", Marketing Educators' Association Conference, San Diego, 2001.

14. Mirabelle, "Nonprofit management education in the US", Indianapolis, Indiana University-Purdue University, 2013.

15. Saidel, J & Smith, S. R., "An Integrated Approach to Nonprofit Management Education", The annual conference of the National Association of Schools of Public Affairs and Administration, Kansas City, 2011.

五、电子文献

1. 崔静：《民政部官员：简政放权开启社会组织改革大幕》，http://news. xinhuanet.com/politics/2013-10/23/c_117838385.htm，2015-03-15。

2. 百度百科：《慈善信托》，http://baike.baidu.com/link?url=wS018TRGaUI HgW3zSRQydCO-76uk8_ynbkr5F4OJUzfywibjyZo5RTcmQE9L6zVwTjwu Owzl1gMnNd4dFTt2G_，2015-03-24。

3. 民政部：《社会工作专业人才队伍建设中长期规划（2011-2020 年）》，http://www.mca.gov.cn/article/zwgk/fvfg/shgz/201204/20120400302330.sht ml，2015-03-16。

4. 百度百科：《最小熵产生定理》，http://baike.baidu.com/view/572422.htm，2015-03-01。

5. 人均国民生产总值，http://baike.baidu.com/link?url=Zwj8XhJEeq08ryce MkQI-FIQQHPswi466w3YED-8bqVzlB9cSUqYc9B3nKZWOLMFXNaYi_ DGVS9npIzl5i4-3q，2015-02-14。

6. 尤金·R·坦普尔：《慈善的全球性挑战与合作》，http://www.charity.gov. cn/fsm/sites/newmain/preview1.jsp?ColumnID=640&TID=20141203111803 399101603，2015-02-15。

7. 浙江大学浦江学院公益慈善学院简介，https://gggl.sdibt.edu.cn/xygk/ gycsxyjj.htm，2021-10-05。

8. 山东工商学院公益慈善管理学院：《2020 山东工商学院公益慈善事业管理培养方案》，https://gggl.sdibt.edu.cn/info/1051/2743.htm，2021-10-05。

9. 善达网：华东师范大学紫江公益慈善中心人才培育方案，http://www.shanda960.com/shandaguan/article/11988，2021-10-07。

10. 公益时报：华师大紫江公益慈善中心正式成立，http://www.gongyishibao.com/html/gongyizixun/11225.html，2021-10-07。

11. 宋庆龄公益慈善教育中心：中心简介，https://ecop.bnuz.edu.cn/zxjj/zxjj.htm，2021-10-07。

12. Career Opportunities, https://scrd.asu.edu/programs/undergrad-programs/nlm-undergrad/nonprofit-careers, 2012-02-06.

13. CareerOpportunities, https://webapp4.asu.edu/programs/t5/majorinfo/ASU00/PPNLMBS/undergrad/false?init=false&nopassive=true, 2015-02-06.

14. IRS, "Charting the Tax-Exempt World", *The Chronicle of Philanthropy*, http://philanthropy.com/article/Charting-the-Tax-Exemp-World/127014/, 2015-02-16.

15. Larson, R. S. & Wilson, M. I., "Building Bridges Initiative Cluster Evaluation: Survey of Nonprofit ManagementStudents", http://www.centerpointinstitute.com/projects/bridges/papersreports/StudentSurvey1.htm, 2014-12-03.

16. Marcia Jones Cross, "Nonprofit Leadership Alliance", http://wenku.baidu.com/link?url=e1Oh82YXYZax4hGJoduHJneBbHAptR7igSlIpBxtd_xGB1m8sGdNAmJX4zRb_DXdt0NRl_hvP4_X_2M1g96eqxog1-42CU8S7W4GiiWIqEC, 2015-03-07.

17. Nonprofit Administration, http://www.lindenwood.edu/humanServices/npa/index.html, 2015-03-29.

18. Nonprofit Administration Program, http://www.lindenwood.edu/humanServices/npa/undergrad.html, 2015-03-29.

19. Nonprofit Administration Program-Undergraduate, http://www.lindenwood.edu/humanServices/npa/undergrad.html, 2013-03-29.

20. Nonprofit Leadership Alliance, http://nonprofitleadershipalliance.org/cred-

ential/nonprofit-partners/, 2015-02-03.

21. Nonprofit Leadership and Management (NLM) Degree undergraduate program, https://lodestar.asu.edu/academic-programs/undergraduate-programs/nlm, 2015-03-27.

22. Nonprofit Leadership Certificate Program, http://www.lsus.edu/offices-and-services/community-outreach/institute-for-nonprofit-administration-and-research/academic-programs/nonprofit-leadership-certificate-program, 2015-03-27.

23. Non-Credit Programs CERTIFICATE IN NONPROFIT ADMINISTRATION, http://www.lsus.edu/offices-and-services/community-outreach/institute-for-nonprofit-administration-and-research/non-credit-programs, 2015-03-27.

24. Roseanne M. Mirabella, "Nonprofit Management Education: Current Offerings in University-Based Programs", http://academic.shu.edu/npo/, 2015-01-15.

25. School of Human Services, http://www.lindenwood.edu/humanServices/index.html, 2015-03-29.

26. The CNP Credential, http://nonprofitleadershipalliance.org/credential/, 2015-03-26.

27. The Institute for Nonprofit Administration and Research, http://www.lsus.edu/offices-and-services/community-outreach/institute-for-nonprofit-administration-and-research, 2015-03-27.

28. Undergraduate Programs 2013-2014 Advising Guide, https://scrd.asu.edu/future-students/academic-advising/undergraduate-advising-guide/view, 2015-03-27.

29. University Undergraduate General Studies Requirement, https://catalog.asu.edu/ug_gsr, 2015-03-27.

附录一　多尔希教授访谈提纲

Dear professor Dolch,

I am a doctoral student from International and Comparative Program at Beijing Normal University in China. I am currently doing my dissertation on curriculum provision of nonprofit management education at undergraduate level in USA. Based on research, I know you are an expert on nonprofit education, so would you mind if I ask a few questions?

In your article "The Nature of Nonprofit Undergraduate Education: Models of Curriculum Delivery", the Youth and Nonprofit Leadership program, a minor in nonprofit management, offered by Murray State University was used an example to illustrate one of the four models of undergraduate curriculum delivery. This article mentioned the core curriculum of this Nonprofit Leadership program, but I didn't find the relationship between the core curriculum and the minor program. Students who in the minor program need to learn the core curriculum?

From 1996 to 2006, you have conducted follow-up studies of the undergraduate nonprofit education in certificate、major、minor and a combined program. Based on your previous studies, I will be focusing on how the curriculum of undergraduate nonprofit education have been changed from 2006 to 2014, the general characteristics of the curriculum and the future trend in undergraduate nonprofit education curriculum. My question is, do you think the undergraduate nonprofit education in the four campus are representative cases that appropriate for an in-depth study? To your knowledge is there any other undergraduate nonprofit education program that I should look at? The latest relevant reference I could find is the one that you wrote in 2007, I would be most grateful if you could send me some latest information.

Also, I would like to hear some of your thoughts on the following questions.

1. What is the biggest difference of nonprofit education between the undergraduate level and graduate level? Do you think it is true that the undergraduate enrollment of nonprofit education has been decreased in recent years? In your opinion, having nonprofit education at undergraduate level, does it make any differences?

2. I noticed that the universities that affiliated to Nonprofit Leadership Alliance are gradually decreasing year by year (including the Lindenwood College ,which left the Alliance in 2013) what do you think about it? In your opinion, what is the reason that the number of universities is falling? How NLA can address these challenges?

3. What is the implication of social interests on nonprofit education? Do you think objective of undergraduate nonprofit education is consistent with social demands?

4. What is the successful experience of undergraduate nonprofit education in revising and improving curriculum content, implementation and evaluation?

5. Do you see any challenges and future trends in the third sector? How can nonprofit education program respond to those new challenges?

附录二 美国大学非营利管理教育 项目负责人访谈提纲

professor,

I am a doctoral student from International and Comparative Program at Beijing Normal University in China. I am currently doing my dissertation on curriculum provision of nonprofit management education at undergraduate level in USA. I mainly focus on universities that affiliated to Nonprofit Leadership Alliance, thus I intent to use your University as a case study in my thesis. I have explored your Nonprofit Administration program website in detail, and it provides lots of information for me regarding to the classes of core curriculum and its credits, but I still have some specific questions here. I was wondering could you please help me clarify the following questions?

1. What are those factors that you have to take into account when develop major、minor and certificate, these different degree program for Nonprofit Administration? What are those people have been involved in or responsible for the developing the curriculum and major? So far, what has been changed regarding to the goals and objectives of this program.

2. What is the biggest difference of nonprofit education between the undergraduate level and graduate level? Having a nonprofit education major at undergraduate level, what does that mean to the undergraduates and the university?

3. I wonder whether there are changes in curriculum development in recent years? The curriculum changes are usually based on what evidence?

4. What are the fundamental principles been used to implement the curriculum? What are the factors that influence the curriculum implementation?

5. Will minor students be awarded a degree or certificate upon graduation?

6. What is the innovation in design and implement this nonprofit administration program?

7. How many people do you accept in major, minor and certificate program separately? How do you encourage students to give feedback to this program, and what are those feedbacks that students usually give?

8. What is employer's feedback to students' performance? How do you use employer feedback?

9. What is influence of the partnership with Nonprofit Leadership Alliance on program development?

10. Do you see any trends that may shape the future of nonprofit education program? What is the impact of these trends on nonprofit education program? How can nonprofit education program respond to those new challenges?

附录三 公益慈善事业管理教育项目相关人员访谈提纲

公益慈善事业管理教育项目主管访谈提纲

单位： 姓名： 职位（务）： 联系方式：

1. 您认为将公益慈善管理设置为一个本科专业方向进行人才培养的意义是什么？

2. 从你们的培养方案上看是"培养具有强烈的社会责任感和坚定的公益慈善理念、了解公益慈善事业前沿、掌握较扎实的理论基础、具有较强的公益慈善相关岗位实操能力，能胜任公益慈善机构和大中型企业社会责任部门的组织管理、项目运作、宣传推广、企业服务以及理论研究等工作的应用性、复合型高层次专门人才。"请问在培养目标的设计上考虑了哪些因素？

3. 你们设置该专业人才培养课程时的依据有哪些？

4. 自招收第一批学生进行专业培养至今三年的时间内在课程上做了哪些修订？您对目前的课程设置是否满意，下一步还有哪些打算？

5. 在必修课、选修课中设置这些课程的主要考虑是什么？

6. 这个专业倡导老师和学生以哪些方式进行教和学？

7. 关于实践或实习采取了哪些措施？您觉得实施的效果如何？存在的问题有什么？下一步还有什么规划？

8. 您认为现在面向全校大三学生跨专业开设专业方向项目在课程设置上要重点注意的问题有哪些？

公益慈善事业管理项目授课教师访谈提纲

姓名：　　　　　教授课程：　　　　　隶属单位：　　　　　职称（职务）：

1. 您认为将公益慈善事业管理设置为一个本科专业进行人才培养的意义是什么？

2. 您教授的课程有哪些？

3. 以一门课为例，请您介绍一下这门课程的目标是什么？

4. 您是怎样备课的？您是如何选择和确定教授这些课程内容的？

5. 您主要采用哪些授课方式？

6. 您觉得学生的学习态度和效果怎样？

7. 您对国外类似项目的课程设置有哪些了解？

公益慈善事业管理项目在读学生访谈提纲

姓名：　　　　性别：　　　　年级：　　　　原专业：　　　　联系方式：

1. 您选择修读公益慈善管理专业的主要原因是什么？您认为它有什么意义？

2. 您认为通过本科阶段公益慈善管理课程的学习，它将给您带来怎样的提升？

3. 您对中心现在的课程在设置和内容上有什么建议？

4. 您对老师采取的教学方式有什么建议？

5. 从接触该专业的学习至今，您觉得自己对慈善的理解有哪些变化？

6. 您毕业后会从事与公益慈善相关的工作吗？如果会，打算具体从事哪个方向的工作？为什么？

公益慈善事业管理项目毕业生（实习生）访谈提纲

单位：　　　　姓名：　　　　性别：　　　　原专业：　　　　联系方式：

1. 您现在工作（实习）的岗位是什么？工作的主要内容有哪些？

2. 您觉得作为一个公益慈善管理专业方向的毕业生，单位的同事和领导对您的期望是什么？（您对自己的期望是什么？有什么职业规划？）

3. 作为慈善管理专业毕业的学生，您觉得在工作中有哪些优势和不足？

4. 您所学的专业知识和技能是否能有效帮助您开展工作？

5. 经过了实践工作，您对公益慈善事业管理专业在课程设置上有哪些建议？

公益慈善事业管理项目学生就业单位领导访谈提纲

单位：　　　　姓名：　　　　职位（务）：　　　　联系方式：

1. 您觉得高校进行公益慈善管理专业本科人才的培养有什么意义？

2. 您觉得在贵单位工作和实习的公益慈善管理本科学生有哪些优势和不足？

3. 您认为该专业本科毕业生应该具备哪些专业素养和能力？

4. 您对公益慈善管理专业本科生的培养在课程设置上有什么建议？

附录四 美国林登伍德大学非营利组织管理"专业辅修项目"课程设置特点研究

摘　要

　　《慈善法》的颁布开启了我国现代慈善的序幕，也推动我国公益慈善事业和非营利组织的快速发展。公益慈善领域的发展需要大量专业的人才，而作为高校这一培养高级人才的主阵地，其课程的设置是培养非营利组织管理人才的主要载体。本文对美国林登伍德大学非营利组织管理"专业辅修项目"的课程设置进行研究，发现其具有根据就业领域有针对性的设置专业课程；课程内容的设置与客观实践联系紧密；以就业基地为中心设置实践课程等特点。这些都为我国高校进行相关专业项目的课程设置提供了参考。

关键词：美国；非营利组织；课程设置；专业辅修项目

　　《中华人民共和国慈善法》于 2016 年 3 月 16 日由第十二届全国人民代表大会第四次会议投票通过，并于 2016 年 9 月 1 日起施行。《慈善法》的颁布是中国慈善事业发展史上的里程碑，它标志着中国从传统慈善走向了现代慈善。[1]中国改革开放三十多年以来，经济创造了世界增长的奇迹，社会结构也发生了异常深刻的变化。与此相伴，我国公益慈善事业和非营利组织取得了快速的发展，产生了一定的社会效益。但近年来，不时披露的慈善纠纷和

1　郑功成：〈《慈善法》开启中国的善时代〉[J]，《社会治理》，2016 年第 2 期。

慈善乱象也使得非营利组织的合法性与合理性以及非营利组织管理（Non-Profit Management，NPM）人员的专业素质和能力受到多方质疑与拷问。作为专业人才培养主阵地的大学，其课程设置是 NPM 人才培养的主要载体，它承载着 NPM 教育的核心价值理念，决定着专业人才培养的方向与质量。因此，亟需将大学 NPM 教育的课程设置作为当下探讨 NPM 教育的核心问题进行研究。[2]美国作为世界上非营利组织数量最多、运营科学规范的国家，其高校开设 NPM 教育已有 30 多年的历史，[3]相对完善的 NPM 教育本科课程设置系统对我国相关教育项目的课程设置有很强的借鉴价值。

一、林登伍德大学 NPM 专业辅修项目培养目标和要求

1996 年第二届美国非营利组织管理和慈善研究伯克利会议上，美国大学 NPM 教育专家多尔希（Dolch）教授在其研究文章中分析了美国 NPM 教育中的三种主要实施模式，并选取林登伍德大学 NPM 专业辅修项目作为重点研究对象，对项目的课程设置进行了深入的分析。2006 年第三届美国非营利组织管理和慈善研究亚利桑那大会上，多尔希对林登伍德大学 NPM 专业辅修项目进行了十年间的研究回访与数据更新[4]，认为时至今日，该校的专业辅修项目的实施模式和课程设置在全美非营利组织管理教育的研究中仍具有代表性。

林登伍德大学创建于 1827 年，位于美国密苏里州圣查尔斯市，是一所教学型四年制本科院校。非营利组织管理专业辅修项目是由人类服务学院（School of Human Services）于 1996 年开设的。该专业主要通过服务学习这种做中学的方式培养学生成为青年、社会和社区非营利组织中的领导者和管理者。使学生们具备非营利组织策划、筹资、员工管理、非营利组织预算、组织、执行与评估等方面的知识与能力，可在青年服务组织、老年服务组织、艺术组织、博物馆、教育组织、休闲娱乐组织和运动组织等非营利组织机构中任职。[5]

2　王振耀：《现代慈善与社会服务》[M]，北京：社会文献出版社，2013 年。

3　Roseanne M. Mirabella. Nonprofit Management Education: Current Offerings in University-Based Programs [OB/EL]. http://academic.shu.edu/npo/, 2015-1-15.

4　Norman A. Dolch, Marvin Ernst, John E. Mc Clusky, Roseanne M. Mirabella, Jeffery Sadow. The Nature of Undergraduate Nonprofit Education:Models of Curriculum Delivery [J]. Nonprofit and Voluntary Sector Quarterly, 2007, (36).

5　School of Human Services [EB/OL]. http://www.lindenwood.edu/humanServices/index.html, 2015-3-29.

　　选修人类服务学院非营利组织管理专业辅修项目的学生需要完成 24 学分核心课程的学习，其中 12 学分为必修课程，12 学分为选修课程。这些核心课程都根据挑选出的不同领域的非营利组织共同需要的专业能力进行方向性的课程设置。学分修满达到培养标准的学生将会在学位证书上标记"辅修非营利组织管理专业"字样，不单独颁发辅修证书。[6]

二、林登伍德大学 NPM 专业辅修项目课程设置的特点

（一）根据就业领域有针对性的设置专业课程

　　林登伍德大学人类服务学院以为人类社会安全健康的发展提供服务为使命，针对服务的不同领域有针对性的培养非营利组织管理人才。在专业课程设置方面设定了倾向于商业、美术、教育、社会服务、沟通交流、基督教研究、休闲娱乐领导力管理在内不同方向领域的 NPM 课程。[7]学生可以根据自己的兴趣选修相关方向领域的课程，从而为未来就业打好基础。

　　根据未来工作领域的需要和专业辅修项目的特点，人类服务学院在必修课程中有针对性的设置了非营利组织和社区服务概论课、人力资源管理课、非营利组织管理课、领导力研究与操作课。通过这四门课程的学习，学生可以总体掌握未来从事非营利组织管理工作所应具备的基本知识与能力。通过非营利组织和社区服务概论课的学习，学生将从宏观上了解非营利组织在社会发展中的角色和它对政治、社会、经济、文化的影响。通过对非营利组织与社区服务关系的了解，学生将会更深入的了解非营利组织进行科技、环境、人类服务的意义，加深对非营利组织使命的认可。

　　作为非营利组织的管理者，人力资源管理的知识和能力是必备的。在非营利组织人力资源管理课程中，学生将从招聘、选拔、绩效评估、薪酬、福利，以及员工和志愿者的培训和发展等方面，详尽了解非营利组织人力资源管理的流程和主要工作内容，并重点关注员工和志愿者遇到的不满、歧视、骚扰等实际问题的处理方法与技巧。

　　在非营利组织管理课程中，学生将学习在非营利组织运营中对机构工作人员、志愿者和客户服务的管理，如何进行项目策划和实施服务，以及进行公共关系交流和非营利组织市场营销的方法。同时，通过对国内和国际慈善

6　Nonprofit Administration Program-Undergraduate [EB/OL].
7　Nonprofit Administration Program-Undergraduate [EB/OL].

事业发展趋势的把握，掌握最新的非营利组织管理方法。非营利组织管理专业重点要培养非营利组织机构中的领导者，因此重点开设了领导力研究和技能课。这门课程不仅介绍作为组织领导应持有的工作态度和恰当的行为，同时更深入的探讨非营利部门内所需的道德和职业操守等问题。可见林登伍德大学 NPM 专业辅修项目中的四门必修核心课程的开设与就业领域所需的知识与技能是高度相关的。

（二）课程内容的设置与客观实践联系紧密

人类服务学院的 NPM 专业辅修项目除了通过核心必修课程的设置保证学生掌握非营利组织管理中所需的基本知识与技能，在核心选修课程的内容上也做到与非营利组织的客观实践紧密相连。

在筹资课程中，学生将了解非营利组织在筹资与融资方面的具体区别，并深入学习非营利组织与政府、企业、社区团体和个人之间进行筹资时所需的相关知识与技巧。志愿者管理课程在讲解志愿社会的基本概念，存在的问题和社会意义基础上，重点为学生传授如何招募志愿者、合理的安置志愿者，对志愿者进行多样化激励管理，促进志愿者发展，对志愿者进行评估等具体的战略技巧，保证志愿服务的科学化运作。非营利组织预算和财务管理课上，学生将学习具体的包括处理收入收据，进行开发预算以及非营利组织预算报告的机制，阅读和解析非营利组织财务报表等具体细致的技巧，从而帮助学生在日后工作实践中更好的获取和把握财务信息。跨文化交流课中，教师将具体介绍跨文化交流中处理各种人际关系的技巧，讲解在人际交往过程中，不同时间和不同空间的重要性，在与不同文化的人进行交流的过程中如何进行倾听。并了解在社会交往和职业环境下交流的不同特点，明晰在非营利组织进行倡议演讲中需做的准备工作。通过社会环境中的人类行为课的学习，教师将带领学生深入探寻人类的精神心理与社会、文化发展之间的相关理论，学生将会理解作为社会发展大系统中的个人在家庭、群体、组织、社区这些社会系统中应具备什么样的精神和行为才可以维持和实现个体与社会的健康与幸福。

在大学四年级才可以选修的顶级研讨会课程中，教师将组织学生对非营利组织部门的道德规范和专业标准进行讨论，通过案例研究性教学，学生们将会使用 NPM 专业辅修项目课程中所学的知识与技能对案例中非营利组织管理者的领导力和管理技能进行评估，真正做到将课上所学的知识做到与客观实践充分的融合吸收，为进行日后工作操作打好基础。

（三）以就业基地为中心设置实践课程

林登伍德大学 NPM 专业项目负责人朱莉·特纳（Julie Turner）教授表示，该专业项目的课程设置强调做中学，该学院与当地非营利组织和社区团体广泛建立合作关系，为学生设置在这些非营利机构进行实践课程学习的机会，以使学生更直观和充分的理解非营利部门。

授课教师会选择有代表性的青年服务组织、老年服务组织、艺术组织、博物馆、教育组织、休闲娱乐组织和运动组织作为学生实践课程实施的基地，学生在这些就业基地中在授课教师和从业人员的指导下完成实践课程的学习。所有选修 NPM 课程的学生都需要在真实的社区非营利组织中完成课堂教学中布置的项目和课程作业。项目还规定辅修该专业学生的实习课程时间不得少于 150 小时，充分的保证了学生亲身实践的时间与机会。除此之外，学生们还可以参加美国人文学生社团为美国红十字会的献血活动进行倡导宣传，并将此活动并入实践课程的学分中。[8][9]

三、结论与启示

综上可见，林登伍德大学 NPM 专业辅修项目课程设置的特点非常突出这也可为我国非营利组织管理人才的培养和应用型本科的课程设置提供相应的借鉴。

应用型本科院校或应用型专业，首先在课程的设置上就应该与学生未来就业对口的相关领域相契合。高校教师要深入研究对应行业各子方向运营所需的知识和技能，从而结合相关学科的领域设置课程。从课程的设置上体现学科基础与能力本位相结合的思想。其次，课程内容的选择也应在保证知识科学系统化传授的基础上顺应行业发展的时代需要，选择实际工作领域中需解决和应对的问题作为不同课程中的教学内容，使得理论教学与实践教学有机结合，并突出实践为导向的教学内容整合。第三，高校要拓展实践教学基地，并创新以实践基地为课堂的授课形式，设置高校教师和从业人员双导师制，帮助学生在真实的实践环境中将知识与能力整合性的吸收与掌握。

---

8 Nonprofit Administration Program-Undergraduate [EB/OL].

9 UndergraduateCatalog (2013/2014) [EB/OL]. http://www.lindenwood.edu/academics/catalog/catalogs/2013-14UGCatalog.pdf, 2015-2-7.

　　同时，在计算机辅助教学快速发展的今天，在线课程的开设也为高校课程的开设提供了新的途径和思考的角度。高校可以破除时间和空间的束缚，邀请不同地区甚至是不同国家的学科专业和就业领域中的专家对学生进行教学与辅导。在线课程的学习可以为学生提供更加便捷和高效的学习，同时打开学生的视野，吸纳最前沿的知识和技能，为日后就业的无缝对接打好基础。积极开发相关专业的在线课程是美国各高校课程设置不断探索与开发的趋势，这也必将是我国高校专业课程设置思考的重要方向。

后　记

　　我从本科到博士一直是一名教育学科的学生，后因工作需要和兴趣使然，选择从教育学科的视角研究公益慈善领域的问题，也试图可以为中国公益慈善事业的发展尽一个小小研究者之力。但因自己在公共管理、社工专业等领域知识的缺乏，也阻碍了对我国公益慈善研究的深入度。世界局势瞬息万变，国家发展日新月异，2012年刚接触公益慈善领域时，业内对中国慈善法律和相关法规的诉求已久给我印象最为深刻，在多方的推动下，2016年我国出台了《中华人民共和国慈善法》，中国慈善事业正式进入依法治理时代。我完成博士论文的时候，国内极少有涉猎公益慈善教育的专业论文，而短短的几年间，这方面的文献越来越丰富，希望我做的研究能够对后来的研究者有点滴用处。自接触过小威廉姆·E·多尔的《后现代课程观》，被其中的理论深深的吸引，总希望可以像他那样，将普利高津的耗散结构论与自己的研究内容很好的结合，可惜做的远远不够。当量子物理时代来临，能够用物理化学的理论来探讨教育学的相关知识，将我们可见的教育现象与细微的量子世界相联系是多么奇妙的事情呀！可惜本人学识所限，阐述不够清晰。可探求的大门一旦打开，未来的神奇之旅必然是引人入胜的，尤其是对思想的引领上，自勉可以在未来的研究之路上在此方向上做更多的努力。

　　如今已近不惑之年，作为一名人民教师，最要感谢的是我成长中的老师们，他们给了我无限的支持。感谢陈光巨校长善良无私的帮助，改变了我的命运。感谢吴忠魁教授给我做北师大博士生的机会，他的大气概一直是我不断追求的样子。感谢刘宝存教授，没有他的耐心指引就不会有如今成为博士的我。感谢金宝城教授，作为我刚入社会第一份工作的引路人，他让明白了优秀管理者对院校发展的重大作用。喻先生送我的两个词"concentration"与"confidence"，无论在考博期间还是博士论文写作期间都是我极大的精神支柱。感谢北京师范大学国际比较教育研究院的所有老师，能够成为比较院的学生真的是人生好大福气，你们的睿智、谦和、爱心让我真的感觉我们全院就是一个大家庭。而今我又有机会在北京大学教育学院做博士后，在陈洪捷老师和沈文钦老师的指导下，我对高等教育的问题又有了更进一步的了解和思考。

感谢读博期间北师大比较院的师兄师姐师妹师弟们，还有我亲爱的博士同学们，2012级教育博士班是一个大班级，70多名同学让我收获了多多的同窗友谊。当然，最应感谢的时博士期间我的"异父异母的亲弟弟"，现在我的先生——陈玥，在博士论文写作的最后阶段，是他的安抚和鼓励帮助我度过了那最为艰难的时期。我们一起经历了很多，现在女儿陈禹衡又来到我们的身边，希望她会成长为一个善良、快乐和智慧的女孩子。

对于我论文材料的收集，要特别感谢北德克萨斯州大学（University of North Texas）公共事务和社区服务学院（College of Public Affairs and Community Service）的诺曼·A·多尔希（Norman A. Dolch）教授、林登伍德大学人类服务学院（School of Human Services）的朱莉·特纳（Julie Turner）教授、以及美国非营利组织领导力联盟的伊桑·陶奇（Ethan Touch），为我提供的关于美国大学非营利管理教育研究方面的材料和相关问题的解答。感谢中国儿童少年基金会儿童安全教育工程办公室王震主任、中国扶贫基金会资源发展部项目合作处朱峰处长作为公益慈善组织的领导积极配合我的访谈。感谢美国印地安那大学礼来慈善学院何莉君博士、中央民族大学管理学院李健教授作为公益慈善事业管理教育项目的授课教师接受我的访谈。感谢北京师范大学珠海分校法律与行政学院杨志伟老师、香港大学的姚嫣然老师、深圳大学的罗文恩老师毫无保留的为我提供我国公益慈善管理教育的相关资料。感谢北师大珠海分校的黄焕铿、黄婷、吴滨、牛奔、王佳丽、黄慈雅、黄哲浩、张文勇等同学接受我的访谈，并帮助我整理访谈材料。感谢谷芳云帮助我整理访谈录音。

最后我要深深的感谢我的父母。父母为我营造了一个民主宽松的成长环境，他们鼓励我有自己的思想，从不牵绊我，总是尽他们最大的努力为我提供保障，让我自由的飞翔。在我的成长过程中他们告诉我要始终保持善良、乐观的态度，多多帮助他人；他们帮助我塑造了阳光爽快的性格，使我收获了许许多多的友谊，总会有幸福相伴。感谢我有一个"亲姐姐"轩颖老师，当 19 岁的我遇到刚刚硕士毕业 25 岁的她的那一刻，我们的生命都就此发生了改变，师生可以是父（母）子，亦可以为手足。

人们常说，人的一生如果能够遇到一位好老师，那他（她）就是幸运的。而从我读书至今却遇到了这么多的好老师，我是何等的幸运！他们身体力行，展示着教育的魅力，教师的风采！师德从来不是说出来的，而是老师们发自肺腑、真情实意做出来，学生们透彻肌理感受到的。我受到这么多老师无私的爱无以为报，只能在日后的教师生涯中，将我的爱毫无保留的给予我的学生们，践行着"学为人师、行为师范"的校训，做一个能够带给他人幸福和快乐的人。

翟 月

2021 年 10 月于北京大学教育学院